O gênero da música
A construção social da vocação

O gênero da música
A construção social da vocação

Dalila Vasconcellos de Carvalho

Copyright © 2012 Dalila Vasconcellos de Carvalho

Grafia atualizada segundo o Acordo Ortográfico da Língua Portuguesa de 1990, que entrou em vigor no Brasil em 2009.

Publishers: Joana Monteleone/Haroldo Ceravolo Sereza/Roberto Cosso
Edição: Joana Monteleone
Editor assistente: Vitor Rodrigo Donofrio Arruda
Revisão: Íris Friedman
Assistente de produção: Gabriela Cavallari
Projeto gráfico, capa e diagramação: Allan Rodrigo

Imagem da capa: Joanídia em aula na residência do professor Alberto Nepomuceno

Este livro foi publicado com o apoio da Fapesp

CIP-BRASIL. CATALOGAÇÃO-NA-FONTE
SINDICATO NACIONAL DOS EDITORES DE LIVROS, RJ

C321g

Carvalho, Dalila Vasconcellos de
O GÊNERO DA MÚSICA: A CONSTRUÇÃO SOCIAL DA VOCAÇÃO
Dalila Vasconcellos de Carvalho.
São Paulo: Alameda, 2012.
210p.

Inclui bibliografia
ISBN 978-85-7939-147-7

1. Música – Séc. XX – História e crítica. 2. Música – Aspectos
sociais. 3. Mulheres – Brasil – Canções e música – História e crítica.
4. Mulheres – Brasil – Condições sociais. 5. Antropologia. I. Título.

12-4268.   CDD: 780.9
                            CDU: 78(09)
                                        036629

ALAMEDA CASA EDITORIAL
Rua Conselheiro Ramalho, 694, Bela Vista
CEP 01325-000, São Paulo – SP
Tel. (11) 3012-2400
www.alamedaeditorial.com.br

Para Rafael, que fez de mim e deste trabalho parte de sua vida, e para os meus avós Eulário e Lázara de Carvalho (in memoriam).

Sumário

Prefácio 9

Introdução 15

Vocação musical: conexões de gênero 23
e classe social em três gerações de músicos

"Músicos do império": a vocação musical no âmbito 30
das instituições e do mecenato

"Músicos de transição": a cisão simbólica entre o 49
universo "erudito" e o "popular"

"Músicos contemporâneos": os intérpretes e 57
compositores na era da performance

Ainda a geração dos contemporâneos: os compositores- 73
regentes e a pianista-compositora

Algumas considerações sobre vocação musical entre 79
intérpretes e compositores de três gerações

A "prodigiosa" Joanídia Sodré 85

De "criança prodígio" a "moça estudiosa" 90

O concurso de 1927: *début* de Joanídia Sodré 103

A batuta da professora maestrina 110

"O diretor" da escola de música 126

Helza Camêu, "modesta" compositora 139

Estreia às avessas 143

Compor: "o alvo visado" 151

Musicologia: um desvio de rota 170

"Uma caminhada de curta extensão" 177

Considerações finais 183

Referências bibliográficas 189

Agradecimentos 205

Prefácio
Corpo e alma da música no Brasil

O LIVRO QUE O LEITOR TEM AGORA NAS MÃOS possui alcance e interesse maiores do que um olhar distraído sobre o qual ele pode supor. Tomando como ponto de apoio as trajetórias das musicistas Helza Camêu e Joanídia Sodré, ilustres desconhecidas do público mais amplo, e o universo da música erudita no Brasil, domínio restrito a especialistas, Dalila Vasconcellos de Carvalho logra realizar uma análise inédita da vida cultural brasileira, na primeira metade do século XX, atenta às maneiras específicas como as mulheres aí se inserem.

Mas essas palavras tampouco fazem jus à envergadura do trabalho, podendo criar a ilusão adicional de que estaríamos diante de um estudo militante destinado a tornar visíveis personagens femininas esquecidas e/ou silenciadas. Nada mais enganoso. O engenho da interpretação reside justamente em tramar o modo como vocações femininas (e masculinas) são construídas, umas em relação às outras, na articulação estreita entre talentos individuais, capacidades treinadas e possibilidades (também restrições) colocadas pelo meio social.

Combinando inspirações retiradas da antropologia, da sociologia, da história e dos estudos de gênero – que incidem sobre rico material coligido em acervos pessoais, institucionais, além de fontes bibliográficas

12 Dalila Vasconcellos de Carvalho

diversas -, a autora deixa ver a complexa topografia do universo musical brasileiro, em função da análise dos itinerários cruzados de homens e mulheres; da atenção ao valor diferenciado de instrumentos e performances artísticas, além da consideração dos espaços de formação, recepção e consagração dos músicos.

O percurso tem início com um retrato coletivo, que retira sua espessura do exame de três gerações: a dos "músicos do Império", que gravitam em torno de D. Pedro II (por exemplo, Carlos Gomes, Chiquinha Gonzaga e Luiza Leonardo) a dos "músicos de transição", cujos itinerários são afetados pelo advento da República e da criação de novas instituições musicais (Ernesto Nazareth, Alberto Nepomuceno, Francisco Braga, entre outros), e a dos "músicos contemporâneos" às musicistas em tela, que assistem à especialização do cenário artístico (entre os quais, Villa-Lobos, Magda Tagliaferro, Guiomar Novaes e Francisco Mignone).

Ainda que sensível às transições sociais e políticas, a composição da análise tem feitio mais morfológico do que histórico, desenhando a vida musical no Rio de Janeiro e em São Paulo em função da criação e consolidação de um mercado que abriga casas de concertos e publicações; escolas, institutos e conservatórios; prêmios, bolsas e patrocínios, além de figuras singulares: homens e mulheres que se deslocam nessa cena, em função de práticas musicais distintas – professores, críticos, editores, instrumentistas, compositores, regentes, cantores etc. – e do leque de possibilidades que se lhes apresentam.

No caso das mulheres especificamente, o piano, parte da educação feminina, joga papel destacado na construção da carreira, sobretudo a partir das primeiras décadas do século XX, quando uma vida mais cosmopolita se anuncia em nossas cidades. Diante de novos nichos de inserção (o curso de piano do Instituto Nacional de Música, por exemplo) e de formas de comportamento e de sociabilidade inéditas, "várias mulheres reorientaram os papéis sociais para os quais foram educadas (de mãe e esposa)", indica Dalila. E mais: "A falta de êxito na carreira de pianista não mais decretava a interrupção definitiva da profissionalização; o conteúdo musical obtido no piano deu condições para que estas mulheres [entre elas Joanídia e Helza] se arriscassem em novas modalidades de atuação e

O gênero da música   13

inserção: a composição, a regência e a musicologia, opções preferencialmente masculinas".

À grande angular mobilizada na montagem do amplo panorama (no capítulo inicial) dá lugar ao emprego de lente aproximada nos capítulos subsequentes, de modo a destacar os perfis singulares de Joanídia Sodré e Helza Camêu. Mais uma vez os personagens não se contentam com a planura da página, movimentando-se, com vida, diante de nossos olhos. A figura de Joanídia emerge do entrelaçamento de múltiplas imagens lançadas sobre ela ao longo de sua trajetória: de "criança prodígio", "moça estudiosa" e profissional "destemida", ao "diretor" controverso da Escola Nacional de Música (RJ), envolvido em contenciosos em diversos níveis. O retrato enfatiza a posição ambígua da musicista, em função do modo como borra convenções de gênero ao se lançar em atividades eminentemente masculinas.

Das tintas enérgicas que dão forma à Joanídia, somos conduzidos aos tons rebaixados que Helza Camêu utiliza para pintar o seu autorretrato como "fracassada", "injustiçada" ou "frustrada". Estamos agora diante de uma deriva repleta de desvios e redefinições, de uma postura modesta e algo esquiva (evidente no uso de pseudônimos nos concursos e nas poses diante dos fotógrafos), a despeito da produção importante dessa compositora e pesquisadora, reconhecida pela qualidade de suas canções e de seus estudos na área da etnomusicologia. Se Joanídia se postava no centro do ringue, protagonista em disputas e embates institucionais, Helza afastava-se deliberadamente das salas de concertos e "campos de batalha".

O livro articula, assim, sólida armação geral – sustentada nas correlações entre vocação musical e convenções de gênero – e atenção firme a detalhes reveladores, por exemplo, quando a interpretação se volta para o corpo das pianistas e regentes, visto como lócus nos quais se inscrevem as clivagens de gênero. O aprendizado do piano impõe uma educação corporal específica: repertório de gestos e poses modelados pelas normatizações do meio musical e da sociedade mais ampla. Não por acaso, o corpo da artista em cena constitui o alvo das avaliações críticas, como na estreia da maestrina Joanídia Sodré nos palcos do Teatro Musical do Rio de Janeiro, em 1930. Durante a apresentação, os olhos afiados dos críticos esquadrinham o movimento corporal da regente, aferindo destreza

14   Dalila Vasconcellos de Carvalho

técnica e, sobretudo, decência. Nesse contexto, lembra a autora como a exposição do corpo em apresentações públicas representou um forte constrangimento para as concertistas e maestrinas em determinados momentos da história.

Não se trata de recuperar todos os passos da análise, mas de sublinhar o seu movimento mais geral, convidando à leitura do livro, que possui, como outro de seus méritos, uma escrita enxuta e precisa. Difícil não aprendermos com esta antropóloga, outrora pianista, que escolheu revisitar o universo musical pela via das trajetórias profissionais e não pela análise musical. Mas sua experiência anterior com a música, longe de passada, intromete-se no presente, ajudando a conferir alma às figuras e experiências aqui recuperadas.

Fernanda Arêas Peixoto

Introdução

O PRESENTE TRABALHO TRATA da trajetória de duas musicistas: Helza Camêu (1903-1995), pianista, compositora e musicóloga, e Joanídia Sodré (1903-1975), pianista, regente e ex-diretora da Escola Nacional de Música (atualmente, Escola de Música da Universidade Federal do Rio de Janeiro), cujas carreiras tiveram início, respectivamente, em 1923 e 1927 no cenário musical do Rio de Janeiro. A construção da trajetória destas artistas visa a uma reflexão acerca de como as convenções de gênero estão imbricadas no processo social de construção de uma vocação musical no período.

Trata-se de compreender a vocação como um fato social, isto é, como um conjunto de práticas e representações sociais constitutivas da experiência do artista. Nesse sentido, o objetivo aqui é compreender os aspectos sociais que se ligam estreitamente à formação de uma vocação musical, isto é, as práticas pelas quais tais circunstâncias sociais se transformam em motivações, interiorizadas em modos de pensar e agir, em capacidades treinadas e exteriorizadas em respostas criativas, sempre variáveis em relação aos constrangimentos e aos estímulos do meio social.

Sapiro (2007) mostra que o modelo vocacional tornou-se a representação social dominante acerca da compreensão e exercício das carreiras artísticas. A "concepção vocacional da arte", como ela denomina, está

18 Dalila Vasconcellos de Carvalho

imbricada, principalmente, nas ideias de predestinação, dom individual e carisma no sentido weberiano, ou seja, a vocação artística é concebida como um dom (uma qualidade excepcional) que se revela paulatinamente por meio do reconhecimento dos pares. O êxito ou o sucesso é a comprovação do carisma, ou seja, de que se estava – ou não – predestinado a ser um artista. Sendo assim, o nome próprio (renome) é o principal capital simbólico no campo da produção cultural.

Com o esfacelamento das corporações de ofícios do Antigo Regime e com o desenvolvimento do "mercado de bens simbólicos", ao longo dos séculos XVIII e XIX, a afirmação crescente da ideologia romântica do "criador incriado", constituiu-se o *ethos* do artista": uma forma de ascese moral e corporal que distingue a profissão de artista das demais atividades, bem como separa o artista profissional do amador, pela dedicação total e desinteressada da " arte pela arte". A obra aparece assim como um fim em si mesmo, valorizada por representar o processo de criação visto como imprevisível e original. Esses valores são interiorizados nos campos das artes e, especificamente, na música, por um longo processo de aprendizagem, levado a cabo pela família e/ou por instituições especializadas, como escolas e academias.

Todavia, não é possível desconhecer as clivagens que o gênero introduz no universo artístico: a construção de vocações masculinas e femininas conhece derivas distintas. Quando Françoise Escal (1999) analisa o lugar das mulheres na história da música ocidental – e podemos considerar o mesmo para a história da música brasileira – ela aponta dois problemas, também constatados por Mariza Corrêa (2003) com relação à história da antropologia: as "versões masculinas" da história constroem as personagens femininas como "menores", geralmente apagadas sob a categoria de "esposas" ou de mulheres "excêntricas". Escal apresenta diversos exemplos para ilustrar, primeiro, o caso da pianista e compositora Clara Schumann (1819-1896), que passou à história como esposa do compositor Robert Schumann (1810-1856). Clara Wieck já era considerada uma pianista virtuose quando se casou com o compositor. Mesmo sendo esposa e mãe de oito filhos, Clara não deixou de realizar

O gênero da música   19

seus concertos, com os quais ajudou a divulgar as obras do marido e a sustentar a família (SILVA, 2008).[1]

Segundo, as "obras-primas" inscritas na história da música ocidental são exclusivamente de autoria masculina, exemplos: *Don Giovanni*, de Mozart; *A Missa*, de Bach, e a *Nona Sinfonia*, de Beethoven (ESCAL, 1999, p. 28). Françoise Escal argumenta que embora atualmente a noção de "obra-prima" esteja em desuso, sendo recusada por alguns músicos, o fato é que as "obras--primas" da música ocidental não foram compostas por mulheres.

Ao longo do trabalho, a autora procura compreender as variações históricas e culturais que relegaram uma série de compositoras à condição de desprestígio e de não reconhecimento de suas obras. Uma das hipóteses levantadas por ela é que as teorias naturalistas sobre a diferença entre os sexos ou sobre a inferioridade das mulheres, aplicadas ao domínio da criação musical, produziram diversas concepções, segundo as quais as mulheres seriam "desprovidas de gênio", no sentido de uma "aptidão inata e de uma disposição natural". Quer dizer, as crianças precoces, "fora do comum", só poderiam ser do sexo masculino. Desta forma, a inaptidão para compor "tão bem" seria um caso particular da incapacidade geral das mulheres para as "coisas do espírito". Como consequência disso, as musicistas são em geral percebidas como mulheres dedicadas ao estudo, e não como portadoras de "talento".

Todavia, não se trata aqui da realização de uma análise musical com vistas à afirmação do eventual caráter de "obras-primas" das composições de Helza e Joanídia. Tampouco construí uma biografia das personagens com o intuito de resgatá-las para o público, retirando-as do silêncio que as cerca. Ainda que não desconsidere a produção musical e musicológica de Helza Camêu e as poucas composições de Joanídia Sodré, o foco desta análise recai sobre a reconstrução de algumas das "relações objetivas que vinculam" estas musicistas "ao conjunto de outros agentes envolvidos"

---

1   Clara era filha de pais músicos. Foi preparada desde a infância pelo pai Friedrich Wieck, afamado professor de música em Leipzig, para se tornar uma virtuose do piano, inclusive, estimulando-a a compor. Ela tinha apenas 11 anos quando deu seu primeiro recital de piano, logo partiu em *tournée* pela Europa acompanhada pelo pai.

20   Dalila Vasconcellos de Carvalho

nesse mesmo espaço social e que se "defrontam com o mesmo espaço de possíveis" (BOURDIEU, 1996, p. 82). Além disso, busco delinear as conexões de gênero em aspectos centrais para a construção de uma vocação musical, tais como: o ambiente familiar, a formação musical, o início da carreira e os percalços contornados – ou não – no caminho para a consolidação da profissão.

Nesse sentido, este trabalho vem se somar a outros realizados nas áreas da sociologia da cultura interessados na cena cultural, artística e/ou científica do ponto de vista da inserção das mulheres na cena cultural, artística e/ou científica. Os trabalhos de Maria Lourdes Eleutério (2005) sobre as escritoras, e de Ana Paula Simioni (2008) sobre as pintoras, examinam de perto o papel coadjuvante das mulheres na vida artística e cultural na passagem do século XIX para o XX. Na literatura, segundo Eleutério (2005), a partir de 1889, a mulher passa a ter um papel importante na educação dos jovens, o que faz dela professora, além de mãe e esposa. Se a leitura de revistas, jornais, romances e poesias eram acessíveis, o sonho de publicar um livro ainda era uma batalha quase perdida. O ingresso na Academia Brasileira de Letras, espaço de consagração máximo da época, por sua vez, quase impossível. O magistério era então o único caminho para o mercado de trabalho. O ato de escrever só era admitido como uma extensão das atividades de mãe, esposa e professora. Os críticos, por seu turno, julgavam o livro, a poesia, a prosa ou o romance a partir dos méritos da autora como mãe, esposa, professora e não como profissional das letras.

Na pintura, Simioni demonstra que a mulher que almejasse ser uma artista enfrentava cotidianamente uma série de estereótipos e restrições. Na Imperial Academia de Belas-Artes durante o Império, elas eram impedidas de frequentar a instituição que, na República, agora Escola Nacional de Belas-Artes, passa a incluí-las a partir de 1893. Do mesmo modo, os críticos de arte avaliam as obras das pintoras por critérios imbuídos nos papéis sociais distintos atribuídos a homens e mulheres.[2]

---

2   "Percebidas como seres por excelência domésticos, sensíveis e com aptidão para a beleza decorativa, suas obras eram uma extensão das capacidades concernentes ao âmbito do privado exibidas em público" (SIMIONI, 2004, p. 10).

O gênero da música   21

O trabalho de Heloísa Pontes (2008) sobre o teatro – em que as mulheres tiveram uma projeção excepcional, conquistada mais cedo do que em outras esferas da produção cultural e intelectual – indica que, quando as mulheres são o objeto da análise no universo da produção cultural, é necessário adotar uma perspectiva que considere as especificidades das conexões entre nome, corpo, gênero e marca dentro das convenções sociais e artísticas em cada um dos campos em questão. A conexão específica entre esses elementos no teatro brasileiro, por exemplo, fez dele um espaço peculiar no que se refere à obtenção do renome pelas atrizes, como ilustra a carreira de Cacilda Becker (1921-1969). Aproveitando a sugestão da autora, no caso da música, as conexões entre nome, corpo e gênero aparecem traduzidas na figura do "gênio": afinal, a manifestação de genialidade na mais tenra infância é uma marca dos grandes compositores.

Outro trabalho importante é o da historiadora Vânia Carvalho (2008). Sua análise sobre a casa moderna focada no estabelecimentos das rotinas diárias e dos usos dos espaços sob as relações de gênero ajudou a compreender o piano (objeto) e o tocar o piano (ação) inseridos nas práticas cotidianas que produzem e reproduzem sentidos e valores acerca do feminino e do masculino. Por fim, o trabalho do antropólogo Paulo Guérios (2003), que analisou a trajetória do compositor Heitor Villa-Lobos e, entre outras coisas, refletiu sobre as imagens projetadas sobre o compositor como construções sociais que explicitam a lógica presente no universo musical.

A pesquisa que sustenta este trabalho foi realizada nos arquivos pessoais de Helza Camêu e Joanídia Sodré depositados no Rio de Janeiro, respectivamente, na Fundação Biblioteca Nacional, Divisão de Música e Arquivo Sonoro (DIMAS) e na Biblioteca Alberto Nepomuceno, da Escola de Música da Universidade Federal do Rio de Janeiro. Também foram coletados materiais no Museu da Imagem e do Som do Rio de Janeiro, na sessão de Periódicos da Fundação Biblioteca Nacional e na Academia Brasileira de Música. Outros materiais foram obtidos junto à Dona Julieta Machado (1923-2010), filha adotiva da compositora Helza Camêu, e à pesquisadora Luciana Dutra, cuja dissertação de mestrado, *Crepúsculo de Cutono op. 25 nº 2 para canto e piano de Helza Camêu: Aspectos analíticos, interpretativos e biografia da compositora* de 2001, constituiu uma fonte fundamental para o trabalho. Foram ainda realizadas

22   Dalila Vasconcellos de Carvalho

quatro entrevistas: em 2009, com Dona Julieta; em 2010, com a bibliotecária Mercedes Reis Pequeno (1927-), o fagotista francês Noel Devo (1936-), um dos principais intérpretes da obra de Helza, e com Jacques Nirenberg (1923-2010), fundador do quarteto de cordas da UFRJ e amigo de Joanídia Sodré. Além disso, utilizamos uma extensa bibliografia sobre a história da música no Brasil: biografias, memórias, dicionários especializados, entre outros.

O estudo está organizado em três capítulos.

No primeiro, *Vocação Musical: conexões de gênero e classe social em três gerações de músicos*, faço uma análise do cenário musical no qual Helza e Joanídia estão inseridas, a partir de um retrato coletivo composto pela trajetória de três gerações diferentes de musicistas. O objetivo dessa construção analítica é elucidar os mecanismos sociais presentes na aprendizagem do ofício musical entre homens e mulheres, bem como compreender como a carreira musical se tornou uma opção para as mulheres no século XIX. Com a ajuda dessa construção mais ampla, foi possível reduzir e ajustar o foco nos capítulos seguintes.

No segundo, A *"Prodigiosa" Joanídia Sodré*, procurei construir o perfil da musicista a partir das diversas facetas projetadas e incorporadas por ela em diálogo com o contexto social em que viveu: "criança-prodígio", "moça estudiosa", "destemida", "regente principiante", "senhora de sua arte", "professora", "diretor", "ardilosa", "talentosa", "competente", "caprichosa". A análise visa compreender em que medida Joanídia se mostra uma figura ambígua por performatizar, no exercício de papéis considerados "masculinos", a incoerência de gênero entre o corpo, as ações (de tocar, reger, dirigir) e os objetos (piano, batuta, vestimenta).

No terceiro capítulo, *Helza Camêu, "modesta" compositora*, procurei construir o perfil da compositora e musicóloga, analisando as inúmeras direções e sentidos que constituem seu percurso singular entre o ofício musical e a pesquisa musicológica, entre a prática musical e a escrita. Helza considerava-se uma compositora fracassada, apesar do renome que alcançou. Procuro compreender esta contradição, mostrando o processo contínuo de definição e redefinição de suas ambições sociais no jogo complexo entre a construção de um lugar para si e o espaço dos possíveis, marcado pelas convenções de gênero.

Vocação musical: conexões de gênero e classe social em três gerações de músicos

O OBJETIVO PRINCIPAL DESTE CAPÍTULO É construir o cenário da música erudita carioca no qual Helza Camêu (1903-1995) e Joanídia Sodré (1903-1975) construíram suas carreiras. Serão aqui consideradas suas trajetórias desde a infância, quando ocorrem os primeiros contatos com o universo musical, de modo a compreender os caminhos possíveis, os caminhos interditos e os outros ainda por fazer. A ideia é apreender o sentido das escolhas feitas por elas, tendo em vista o leque de opções disponível na época.

Ao longo do capítulo, situaremos a trajetória de Helza e Joanídia em um contexto mais amplo que será esboçado a partir da análise de um retrato coletivo composto pela trajetória de alguns músicos. Nossa tarefa aqui não é fazer uma reconstrução da história da música do período, mas esclarecer mecanismos sociais presentes na aprendizagem do ofício musical entre homens e mulheres ao longo das gerações aqui escolhidas para análise. Examinaremos a própria geração das compositoras, além de duas gerações anteriores a elas, para acompanhar, entre outras coisas, como a carreira musical tornou-se uma opção para as mulheres no século XIX, quando elas já atuavam no meio musical como cantoras, pianistas e compositoras.

A análise estruturada a partir da identificação de três gerações diferentes, ao contrário da metódica divisão em épocas ou escolas musicais, nos

26 Dalila Vasconcellos de Carvalho

ajuda a entender o processo que transformou o exercício de certas atividades musicais em carreiras predominantemente femininas ou masculinas.

A opção auxilia também a mostrar como a classificação das práticas ou dos instrumentos musicais em femininos ou masculinos é intrínseca ao modo como as relações entre homens e mulheres estão organizadas em um determinado contexto social.

A seleção dos músicos e a composição de um retrato coletivo foram pensadas em função de questões fundamentais para a compreensão do itinerário social e artístico de Helza e Joanídia. Diversos problemas orientaram a construção da cena, a saber: quais motivos afastaram Helza e Joanídia da carreira de pianista, quando esta era, no início do século XX, um espaço de consagração entre as mulheres? Quais configurações sociais viabilizaram o acesso dessas mulheres à composição e à regência, até então, duas atividades restritas aos homens? O que a dedicação de ambas a outras atividades "masculinas", como a pesquisa musicológica e o cargo de diretor, respectivamente, têm a nos dizer sobre as inflexões de gênero no universo musical erudito na primeira metade do século XX?

Para reforçar a ideia de que homens e mulheres não estão em esferas sociais separadas e, desse modo, evitar o uso descritivo da noção de gênero apontado por Scott (1990), escolhemos a trajetória de compositores e compositoras, intérpretes cuja fama, por razões que não discutiremos aqui, extrapola o próprio universo musical – Carlos Gomes (1836-1896), Ernesto Nazareth (1863-1934), Chiquinha Gonzaga (1847-1935), Magda Tagliaferro (1893-1986), Guiomar Novaes (1894-1979), Heitor Villa-Lobos (1887-1959) e Bidu Sayão (1902-1999). Selecionamos também a trajetória de músicos cujo reconhecimento está restrito ao universo erudito: Dinorá Gontijo de Carvalho (1895-1980), Francisco Mignone (1897-1986), Vera Janacópulos (1892-1955), Paulina D'Ambrósio (1890-1976), Antonietta Rudge (1885-1974) e Souza Lima (1898-1982). Por fim, não poderíamos deixar de incluir a trajetória dos músicos que participaram da trajetória de Helza e Joanídia, como Alberto Nepomuceno (1864-1920), Francisco Braga (1864-1920) e Lorenzo Fernandez (1897-1948).

A princípio, eu havia escolhido construir também o percurso da compositora carioca Luiza Leonardo (1859-1926), contudo, ao consultar os principais arquivos do Rio de Janeiro, não encontrei documentos

O gênero da música   27

suficientes para colocar sua trajetória no foco da análise, como farei com Joanídia e Helza. Mesmo assim, optei por inserir seu itinerário na análise do retrato coletivo de sua geração, já que seu percurso traz dimensões fundamentais para a análise, como veremos.

Procurei na pesquisa bibliográfica que dá suporte a este capítulo reunir um material que nos permitisse localizar recorrências, delinear perfis comuns e incomuns, masculinos e femininos, sem anular a especificidade de cada trajetória, bem como acompanhar os problemas e obstáculos enfrentados pelos músicos na construção de suas trajetórias fora dos "centros da música ocidental".

Segundo Guérios (2003, p. 82), o termo "música ocidental" designa "uma manifestação estética englobante" reivindicada por uma elite musical, isto é, por países como Itália, Alemanha e França, que "tinham a primazia na definição das formas válidas de arte, ou em seus próprios termos, na definição das formas universais..." da expressão musical. É sob os parâmetros estabelecidos pelos "centros da música ocidental" que os demais países, em outros termos, seus músicos e sua produção musical, deveriam constituir suas manifestações musicais para serem consideradas legítimas.

Situando o universo musical brasileiro na periferia da "música ocidental", entendemos o sentido de certas práticas musicais e dos termos utilizados para classificá-las. Por exemplo, podemos compreender por que a viagem ao exterior para completar os estudos musicais foi um dos bens simbólicos mais almejados pelos músicos brasileiros, tanto no Império quanto na República: porque a viagem à Europa alçava aspirantes à condição de artistas.[1]

Ao viajarem, estes músicos entraram em contato com um conjunto de ideias e propostas forjadas na Europa ao longo do século XIX. Aqui, estou me referindo à "música nacional" (GUÉRIOS, 2003, p. 82). Mais do que definir o termo, interessa ressaltar que compor "música nacional" e constituir-se como "artista nacional" só se tornaram opções possíveis para os compositores brasileiros quando se constituíram formas valorizadas pelos centros da "música erudita". Desse modo, as expressões "música

---

1   Para ilustrar, entre os 12 músicos bolsistas do Imperador D. Pedro II, os destinos mais escolhidos foram Paris e Milão (Auler, 1956).

28 Dalila Vasconcellos de Carvalho

séria", "música ligeira", "erudita" e "popular" são entendidas aqui como princípios classificatórios gerados por uma "elite acadêmica" que têm como sua principal referência os "padrões da música ocidental". Assim, podemos dizer que as práticas e manifestações musicais eram classificadas como "música ligeira" ou "popular" quando consideradas afastadas deste modelo e, por isso mesmo, desvalorizadas artisticamente. Por oposição, eram denominadas "música séria" ou "erudita", quando filiadas à "música ocidental". Entretanto, com o advento da República em 1889, o uso dos termos "erudito" *versus* "popular" é mais frequente, pois denota uma crescente polarização simbólica entre os universos.

Para organizar as três gerações em questão, relacionei três eixos principais: um biográfico, um profissional e um último, relativo ao cenário musical. Todos eles estão relacionados aos seguintes fatos: Helza e Joanídia nasceram no ano de 1903; começam a compor em uma mesma época, respectivamente, em 1928 e 1927; finalmente, o advento da República em 1889 marca o início da constituição do campo "erudito" carioca. A divisão entre Monarquia e República não é um mero referencial temporal, quero dizer, um divisor entre épocas que retira a trajetória dos artistas de seu contexto particular; ao contrário, a transição do regime monárquico para o republicano tem impacto direto no campo musical e na trajetória dos artistas que se desenrolavam neste período.

Separamos a geração de compositores que antecedeu Helza e Joanídia em dois grupos: o primeiro, aqui denominado "músicos do Império", é formado por artistas cujas trajetórias foram construídas sob o poder de D. Pedro II. São eles: Carlos Gomes (1836-1896), Henrique Mesquita (1838-1906), Carlos Darbilly (1846-1918), Chiquinha Gonzaga (1847-1935), Joaquim Callado (1848-1880) e Luiza Leonardo (1859-1934).

O segundo grupo, "músicos de transição", são os artistas que de alguma forma tiveram suas trajetórias profissionais afetadas pela passagem da Monarquia para a República: Ernesto Nazareth (1863-1934), Carlos Mesquita (1864-1953), Alberto Nepomuceno (1864-1920) e Francisco Braga (1864-1920). Por fim, a última geração, "os músicos contemporâneos", é constituída de artistas que se destacaram na cena "erudita" nacional entre o nascimento (1903) e o começo da carreira de Helza e Joanídia como compositoras (no final da década de 1920): Antonietta Rudge (1885-

O gênero da música 29

1974), Heitor Villa-Lobos (1887-1959), Paulina D'Ambrósio (1890-1976), Vera Janacópulos (1892-1955), Magda Tagliaferro (1893-1986), Guiomar Novaes (1894-1979), Dinorá Gontijo de Carvalho (1895-1980), Lorenzo Fernandez (1897-1948), Francisco Mignone (1897-1986), Souza Lima (1898-1982) e Bidu Sayão (1902-1999).

Nossa incursão bibliográfica começa pelo século XIX com a chegada da Família Real ao Rio de Janeiro em 1808. A vinda da corte portuguesa foi fundamental para a transformação da cidade no centro cultural e intelectual do país, especialmente no que se refere ao universo musical. Durante o Primeiro e o Segundo Reinados, diversas instituições são criadas e contribuem diretamente para o incremento dessas atividades. Lembremos, entre outros, a criação do Instituto Histórico Geográfico (1838), do Colégio Imperial D. Pedro II (1837), da Biblioteca Nacional (1810), do Museu Nacional (1818) e da Imperial Academia de Belas-Artes (1826).

A paixão pela música cultivada pela família real, especialmente por D. João VI e D. Pedro II, em muito contribuiu para o fomento das atividades musicais.[2] Logo após sua chegada ao Brasil, uma das preocupações de D. João VI foi transformar a igreja do Convento em Capela Real para abrigar e manter o brilho das manifestações religiosas que costumava realizar em Portugal (PAOLA; BUENO, 1998; AZEVEDO, 1956; REZENDE, 1970). O intento foi alcançado, e a Capela Real tornou-se grandiosa, chegando a possuir em torno de 100 músicos. Contudo, subordinadas ao poder político, as suntuosas manifestações religiosas não resistiram ao conturbado reinado de D. Pedro I, entre 1822 e 1831, que chegou ao fim com sua abdicação. Ao final do Primeiro Reinado, do efetivo de músicos da Capela, sobraram apenas 27 (AZEVEDO, 1956, p. 45).

As primeiras instituições de música voltadas para o ensino profissional são criadas no Segundo Reinado, no contexto das primeiras tentativas de criação de uma "música nacional", ou seja, a partir da Independência em 1822, e de modo evidente a partir de 1840, quando D. Pedro II apoia

---

2 D. João VI e D. Pedro II, herdeiros da dinastia de Bragança, iniciada no século XVII em Portugal pelo rei D. João IV (1604-1656), que fundou e manteve, durante seu reinado, a maior biblioteca de música da Europa de seu tempo (REZENDE, 1970).

30 Dalila Vasconcellos de Carvalho

as primeiras iniciativas em torno da estruturação de um campo musical "erudito", concentradas em torno da ópera, predileção da corte portuguesa. Nesta conjuntura são criados o Imperial Conservatório de Música, a Imperial Academia de Música e a Ópera Nacional, respectivamente em 1848 e 1857, com o objetivo de formar músicos capacitados para atuar, sobretudo, no teatro lírico (Azevedo, 1956; Guérios, 2003; Mariz, 2005).

Vale mencionar ainda outras instituições, que, embora não fossem voltadas exclusivamente para o ensino musical, ofereciam cursos de música em seus quadros, gerando uma opção de ensino musical e, principalmente, de trabalho para os músicos que nelas lecionavam: o Imperial Instituto dos Meninos Cegos (Instituto Benjamin Constant)[3] e o Liceu de Artes e Ofícios[4] fundados, respectivamente, em 1854 e 1856.

"Músicos do império": a vocação musical no âmbito das instituições e do mecenato

A Imperial Academia de Música e a Ópera Nacional são duas instituições criadas em 1857, sob o comando do cantor e compositor espanhol José Amat (1848-?), tendo sido extintas precocemente em 1860. Em suas curtas existências, contemporâneas ao apogeu do gosto pela ópera, apresentaram de modo precursor a obra de jovens compositores brasileiros como Henrique Alves de Mesquita (1830-1906) e Carlos Gomes (1836-1896).

---

3   O *Imperial Instituto dos Meninos Cegos* foi fundado com o objetivo de oferecer aos deficientes visuais cursos que os preparassem para exercer uma arte, um ofício ou uma profissão liberal. Entre eles, destacamos: organista, afinador de piano, professor de música, torneiro, encadernador, entre outros.

4   O *Liceu de Artes e Ofício* foi fundado com o objetivo de fornecer cursos profissionalizantes aos trabalhadores em geral e da construção civil: homens livres ou estrangeiros. No início, o corpo docente era composto de pessoas de prestígio que não eram remuneradas. Os cursos do Liceu são abertos às mulheres somente em 1881.

O gênero da música   31

A *noite do castelo*, encenada em 1861, no dia do aniversário de casamento do Imperador D. Pedro II, é a primeira ópera de Carlos Gomes.[5] Após o sucesso da peça, José Amat concedeu ao músico uma bolsa de estudos na Europa.[6] Carlos Gomes mudou-se para Milão, de onde regressou somente no final da vida devido a problemas financeiros e de saúde. A ópera "*O Guarani*", sua obra mais conhecida, estreou em Milão em 1870.

Carlos Gomes nasceu em Campinas em 1836, filho de Manoel José Gomes, mestre de capela durante 50 anos em Campinas. A trajetória de seu pai, conhecido como Maneco Músico, ilustra como no século XVIII a música era indissociável da vida religiosa; era a igreja que oferecia cursos de música e um dos cargos de maior *status*: mestre de capela. Como empregado da igreja, Maneco Músico era responsável pela música utilizada nas missas, isto é, deveria compor, reger, tocar, cantar, ensinar, fazer cópias de partituras e contratar o serviço de outros músicos, quando necessário. A execução destas tarefas visava proporcionar aos fiéis um ambiente propício ao culto religioso. Para a geração de Manoel, o trabalho de um músico era como o de um artesão, não havia a concepção do artista como autor de um trabalho único, original, pelo qual realizava sua vocação (NOGUEIRA, 1997, p. 14).

Maneco Músico iniciou seus filhos na música e a igreja foi o primeiro espaço para o exercício musical, aonde Carlos Gomes compôs suas primeiras peças para serem executadas nas missas (MARIZ, 2005, p. 76). Depois do pai, foi no irmão mais velho, José Pedro de Sant'Anna Gomes, também maestro e compositor, que Carlos Gomes encontrou apoio e incentivo para sua carreira musical. Antes de partir para o Rio de Janeiro, o compositor fez alguns concertos em São Paulo acompanhado pelo irmão (NOGUEIRA, 2007). Em Campinas, dava aulas de música, canto e piano para ajudar o pai (MARIZ, 2005).

---

5   Os dados sobre Carlos Gomes aqui utilizados serão retirados ora de Nogueira (1997;2007), ora de Mariz (2005).

6   É preciso dizer que Carlos Gomes nunca foi aluno regular do Conservatório de Milão em razão da idade avançada, tinha quase 30 anos quando chegou à Itália. Contudo, teve aulas particulares como "compositor em aperfeiçoamento." (NOGUEIRA 2007).

32 Dalila Vasconcellos de Carvalho

Em 1860, Carlos Gomes, então um músico de igreja, partiu para o Rio de Janeiro com o objetivo de ser um artista, ou seja, um compositor "erudito" reconhecido por seus pares devido a seus méritos artísticos. Na capital do Império, rapidamente tratou de estudar: tornou-se aluno do Imperial Conservatório de Música, passando a estudar harmonia e composição. Neste contexto, todo compositor brasileiro desejava ser aplaudido no Teatro Lírico Fluminense, aonde se apresentavam as grandes companhias internacionais e as óperas de Rossini, Bellini, Donizetti, Verdi, entre outros. A ópera, que predominava no Rio de Janeiro (a italiana e a francesa), se disseminou de várias formas: apropriada pelo coro das igrejas; trabalhada pelos compositores brasileiros nas modinhas, que, muitas vezes eram um trecho da melodia de uma ópera famosa cantada com um texto poético de algum autor nacional (AZEVEDO, 1956, p. 59); inspiração para as operetas, gênero musical de conteúdo e música despretensiosa, chamado na época de "música ligeira" (*idem*, p. 62 e 63).

O Imperial Conservatório de Música do Rio de Janeiro, fundado por Francisco Manuel da Silva (1795-1865) em 1848, logo se tornou o principal destino dos músicos de todo o país. Afinal, era a única instituição oficial e gratuita dedicada à "música erudita" no Brasil. O propósito do Conservatório deixa claro que seu objetivo era oferecer um ensino "erudito" para atender ao teatro lírico e à ópera:

> (...) instruir na arte de música pessoas de ambos os sexos que a ela quisessem dedicar-se, e a formar artistas que pudessem satisfazer às exigências do culto e do teatro. (PAOLA; BUENO, 1998, p. 21).

Inicialmente, o Conservatório oferecia cursos de: "rudimentos, preparatórios e solfejos, canto para o sexo masculino, rudimentos e canto para o sexo feminino, instrumentos de corda, instrumentos de sopro e harmonia e composição" (*idem*, p. 21). Não por acaso, os primeiros cursos abertos privilegiavam a formação de cantores, cantoras, compositores e instrumentistas de corda e sopro utilizados na formação orquestral, todos fundamentais para a consecução de uma ópera. Os outros cursos foram sendo criados de acordo com a demanda e a disponibilidade de recursos (inclusive o curso de piano foi criado oficialmente apenas em 1883).

O gênero da música   33

Outro aspecto a ser ressaltado é que, desde a sua criação, o Imperial Conservatório permitiu o ingresso das mulheres em seus cursos. Contudo, pelo que indica a contratação de Leonor Tolentino de Castro, primeira professora da casa para a classe exclusiva de alunas de solfejo (*ibidem*, p. 28), podemos inferir que elas não receberam o mesmo ensino musical que os homens, assim como ocorria na França. O Conservatório de Paris, criado em 1795, também não excluiu as mulheres de seus cursos, mas possuía um aparato de regras para separar homens e mulheres, desde estabelecer portarias diferentes para cada um, até classes e professores distintos. Alunas e alunos se reuniam somente para os ensaios de cenas cantadas, mas a presença dos pais dos alunos era obrigatória. Além disso, os salários pagos às professoras das classes de mulheres eram menores do que a remuneração recebida pelos professores homens (ESCAL, 1999, p. 79, 83).

Apesar deste quadro discriminatório, as mulheres eram a maioria entre os alunos de canto no Conservatório de Paris. Entre 1795 e 1816, foram formadas 227 cantoras e 90 cantores, segundo a autora, em razão da demanda da ópera e do teatro lírico. Em 1823, entre os alunos de piano havia 41 mulheres e 32 homens (*idem*, p. 80 e 81). Não obstante, podemos afirmar que no Imperial Conservatório de Música, assim como no Conservatório de Paris, a prática musical era permitida às mulheres desde que submetidas às regras de decoro e decência da época. Neste sentido, alguns instrumentos eram mais recomendáveis a elas do que outros. Por exemplo, o piano era um instrumento que convinha às moças, mais do que qualquer outro porque "(...) elas podiam tocar sentadas, com as pernas fechadas e sem fazer grandes movimentos — além de não ficarem de frente para o público fazendo trejeitos faciais ou corporais." (SILVA, 2008, p. 74). Ao contrário, a harpa não era considerada um instrumento adequado, pois sua execução exigia uma exibição sem reservas do corpo (ESCAL, 1999, p. 72).

Em 1855, é instituído no Imperial Conservatório o prêmio de viagem ao exterior, que concedia uma bolsa de estudos para aperfeiçoamento na Europa ao melhor aluno. Henrique Alves de Mesquita,[7] aluno de

---

7   Os dados sobre Henrique Alves de Mesquita foram obtidos em Marcondes (2000) e Cacciatore (2005).

34   Dalila Vasconcellos de Carvalho

contraponto e órgão do professor Giocchino Giannini (1817-1860), foi o primeiro a receber o prêmio. Oriundo de família pobre, Henrique nasceu no Rio de Janeiro em 1830, e era trompetista. Giocchino Giannini sempre foi seu professor, primeiro no Liceu Musical[8] e, a partir de 1847, no Imperial Conservatório de Música.

Ao lado dos estudos no Imperial Conservatório, Henrique de Mesquita fundou, com o clarinetista Antônio Luis de Moura, o Liceu e Copistaria Musical, estabelecimento musical que oferecia cursos de música, comercializava instrumentos, vendia transcrições de peças musicais e fornecia orquestra para bailes. Envolvido com o meio, Henrique compôs inúmeras peças "ligeiras" como a modinha *O Retrato* (1854), o romance *Ilusão* (1855), a valsa *Saudades de Mme. Charton* (1856), o lundu *Beijos de Frade* (1856), entre outras.

Henrique partiu para Europa em 1857, estudou no Conservatório de Paris, onde foi aluno do compositor François Bazin (1816-1878). Em consequência de problemas causados por relacionamentos amorosos, teve a carreira na capital francesa interrompida, perdeu a bolsa que recebia do Imperial Conservatório, suspendida por D. Pedro II, em vista da suspeita sobre conduta do compositor. Em 1863, a companhia de Ópera Nacional encenou sua opereta *O Vagabundo ou Infidelidade, Sedução e Vaidade Punidas* sobre libreto traduzido para o português, do italiano Francisco Gumirato (AZEVEDO, 1956, p. 69).

Ao retornar ao Brasil em 1866, Henrique tornou-se um famoso compositor de operetas; como diretor da orquestra do Teatro Fenix Dramática,[9] escreveu muitas peças para o gênero: *Ali-Babá, Trunfo às avessas* e *Coroa de Carlos Magno* alcançaram grande sucesso. Além disso, foi organista da igreja de São Pedro, função que exerceu entre 1872 e 1886. Ainda em 1872, foi nomeado professor de harmonia e solfejo do Imperial Conservatório.

---

8   O Liceu Musical era um estabelecimento privado de ensino musical fundado em 1841 por um grupo de professores. Mantinha cursos de piano, canto, flauta etc.

9   Fundado em 1863, como Teatro Eldorado, em 1868 passou a se chamar Teatro Fênix Dramático. Foi um espaço dedicado à apresentação de operetas e peças de música ligeira.

O gênero da música   35

Olhando, lado a lado, as trajetórias de Carlos Gomes e de Henrique de Mesquita, podemos ver que ambos não se conformaram ao caminho que já trilhavam: Carlos Gomes segue os passos para suceder o pai na função de mestre de capela e Henrique possui seu próprio estabelecimento musical – arriscando-se em novas oportunidades oferecidas pelas instituições imperiais. Os dois compositores obtiveram êxito: suas obras foram encenadas pela companhia de ópera de José Amat e conquistaram a oportunidade de estudar na Europa. Não fosse pela bolsa que receberam, Carlos Gomes e Henrique de Mesquita jamais teriam ido à Europa, pois teriam que financiar com recursos próprios a viagem, ou pedir uma bolsa de auxílio para D. Pedro II, ou ainda, recorrer ao apoio de pessoas influentes para se aproximar do Imperador, o que era bem mais improvável, visto que o acesso ao círculo aristocrático era restrito a poucos.

No Império, para um músico ser reconhecido como artista e sustentar com o trabalho a sua família, precisava "cair nas graças" da família real e da elite[10] circundante. Para isso, havia três possibilidades: o mais difícil deles, completar a formação musical na Europa; exercer uma função na Capela Imperial ou mesmo nas instituições imperiais recém-criadas, ou ainda, tornar-se um instrumentista (ou compositor) afamado por toda capital do Império. Todavia, a maior prova de reconhecimento era a nomeação para professor do Imperial Conservatório, afinal, todos os professores desta instituição eram condecorados por D. Pedro II com a Ordem da Rosa (DINIZ, 2008).

Como se sabe, D. Pedro II teve participação direta na trajetória de diversos artistas (poetas, pintores e músicos) concedendo, conforme sua vontade, auxílio ou bolsas para que os artistas pudessem se aperfeiçoar na Europa. A concessão de bolsas transcorria da seguinte forma: ao receber um pedido de auxílio, o Imperador logo iniciava uma investigação minuciosa sobre a vida e conduta moral do requerente. Não encontrando nada que lhe desagradasse, informava-se sobre a quantia necessária

---

10   Seguindo a linha apontada por Needell (1993), quando usamos o termo elite para este período estamos nos referindo a um grupo muito restrito de pessoas. Um bom exemplo para dimensionar este grupo são as associações musicais que tinham, no máximo, como sócio-fundadores, 600 pessoas.

36   Dalila Vasconcellos de Carvalho

e, em seguida, concedia a bolsa por decreto ou portaria. Os bolsistas do Imperador eram obrigados a apresentar, trimestralmente, um relatório com o andamento do curso, frequência, notas e bom comportamento. Ao todo, foram 151 bolsistas, dentre eles, 12 são músicos, entre os quais duas mulheres: a cantora Maria Monteiro (1870-1897), nascida em Campinas, obteve o auxílio para estudar em Milão, em 1887, e a pianista Luiza Leonardo, em 1873 (AULER, 1956).

Luiza Leonardo[11] nasceu no Rio de Janeiro em 1859, filha do português Victorino José Leonardo, professor de música do Imperial Instituto dos Meninos Cegos. Sua mãe, Carolina de Oliveira Leonardo, era pernambucana, descendente dos Nassau; a origem nobre garantia *status* a sua família. Batizada na igreja de São José, Luiza teve como padrinho o próprio D. Pedro II.

Muito cedo, aos 7 anos de idade, iniciou seus estudos de piano. Foi aluna de Isidoro Bevilacqua, pianista e professor que residia no Rio de Janeiro desde 1840, quando se tornou professor de música da Família Real. Luiza não fez sua estreia em um concerto privado, realizado no ambiente doméstico do salão, como era comum, sobretudo, para as meninas. Bevilacqua organizou um concerto público no Teatro Lírico Provisório, com a presença de convidados ilustres, entre os quais se destacava a Família Real. No final da apresentação, Luiza, por volta dos 9 anos de idade, recebeu de D. Pedro II uma bolsa de estudo para a Europa. Em 1873, aos 14 anos, Luiza ingressou no Conservatório de Paris; em 1877, estreou como compositora com a *Grande Marcha Triunfal*, dedicada a D. Pedro II, executada pela Orquestra Pasdeloup.[12] Em 1878, concluiu o curso de piano no Conservatório de Paris obtendo o primeiro lugar, o que favoreceu sua permanência na Europa.

---

11   Os dados sobre Luiza Leonardo foram obtidos em Boccanera Júnior [1903,1904] (1988).

12   A orquestra foi criada em 1861, pelo compositor Jules Pasdeloup (1819-1887) em razão dos Concerts Populaires. O objetivo destes concertos era a ampliação do público de concertos e a divulgação de novos compositores e músicos, não só franceses. Constituída de 80 músicos, apresentava-se em concertos dominicais no Cirque d'hiver. Suas atividades foram interrompidas em 1886 e retomadas em 1919. Em atividade até hoje, é a orquestra sinfônica mais antiga da França.

O gênero da música   37

Poucos foram os músicos que tiveram a chance de completar a formação musical na Europa; muitos nunca saíram do país e se acostumaram a enfrentar as inúmeras adversidades decorrentes de um universo musical incipiente. Para estes, a consolidação da carreira musical dependia da popularidade obtida como intérprete ou compositor. Dessa forma, dependendo do destaque alcançado, poderiam chamar a atenção da corte portuguesa e, quem sabe, receber de D. Pedro II o reconhecimento como artista.

Esse foi o caminho do "pai do choro" e protetor de Chiquinha Gonzaga, Joaquim Antonio da Silva Callado,[13] flautista e compositor de modinhas, lundus e maxixes. Callado nasceu em 1848, mestiço, de família humilde, era um dos músicos mais conhecidos do Rio de Janeiro nesta época. Quando criança, aprendeu flauta e piano com o pai professor de música, que tocava cornetim e trompete, e era mestre de Banda, isto é, ele dirigia a Banda Sociedade União de Artistas. Esta era uma das sociedades musicais existentes na época e ligadas aos festejos de Carnaval de rua.

Na adolescência, Callado era desajeitado no piano, pois não tinha meios de custear as aulas com um bom professor particular, única forma de aprender o piano neste período. Já a flauta tinha nas Bandas uma escola musical mais acessível à grande maioria dos músicos pobres e mestiços. Callado optou mesmo pela flauta transversa, que já tocava em bailes, saraus e salões. Em 1866, quando tinha 18 anos, passou a ter aulas de composição e regência com o trompetista e compositor Henrique de Mesquita, que acabava de retornar de Paris. Inspirado pelo carnaval, aos 19 anos, apresentou sua primeira composição, a quadrilha "*Carnaval de 1867.*" (DINIZ, 2008, p. 16-18).

Todavia, o compositor ainda não tinha uma obra publicada, e isto se deu justamente na época em que o piano de Chiquinha Gonzaga (1847-1935)[14] passou a integrar seu grupo de choro, que era formado por dois violões, um cavaquinho e flauta. Na execução, todos deveriam acompanhar a flauta. No grupo, apenas Callado e Chiquinha sabiam ler partitura, os demais tocavam "de ouvido". Assim, a execução era marcada pelo improviso. No grupo de choro, geralmente, os compositores eram

---

13   Os dados sobre Joaquim Antonio Callado foram obtidos em Diniz (2008).

14   Os dados sobre Chiquinha Gonzaga foram obtidos em Diniz (2005).

38 Dalila Vasconcellos de Carvalho

os flautistas, pois dominavam a escrita e leitura de uma partitura musical (DINIZ, 2005, p. 93).

A primeira obra publicada do compositor foi *Querida por todos*, dedicada à Chiquinha Gonzaga, em 1869. A peça musical *Lundu Característico* (1871) alcançou enorme popularidade. A Família Real, reconhecendo o seu talento musical, nomeou-o professor de flauta no Imperial Conservatório e no Liceu de Artes e Ofícios. Em 1879, já como professor do conservatório, recebeu mais uma prova de seu prestígio: foi condecorado com a "Ordem da Rosa". Callado faleceu jovem, aos 32 anos, em 1880, três anos depois da estreia de Chiquinha.

Chiquinha estreou como compositora em 1877, aos 29 anos de idade, separada e lutando para sustentar a si própria e ao filho, João Gualberto. Sua primeira música foi composta na casa do mesmo Henrique de Mesquita, nesta época professor do Imperial Conservatório, numa reunião da qual participavam os músicos famosos do período. Aos poucos, Callado e os demais músicos presentes (violões, cavaquinhos, flautas, violinos etc.) se juntaram a ela no piano num improviso que criou a polca *Atraente*.

Chiquinha nasceu na cidade do Rio de Janeiro, em 1847, de uma união ilegítima entre Rosa, uma mestiça pobre, e José Basileu, branco, instruído (bacharel em Matemática e Ciências Físicas) e de "boa" família. Apesar da oposição familiar, José Basileu, então primeiro-tenente do Exército Imperial, casou-se com Rosa após o nascimento de Chiquinha.

O piano entrou na casa de Chiquinha não por uma vontade pessoal de seus pais para que a filha fosse uma artista: nem o pai nem a mãe tinham qualquer envolvimento com a música.[15] Quando decidiu dar à filha uma educação musical, não havia nenhuma pretensão artística na atitude de José Basileu, cujo desejo era apenas educar a menina conforme os padrões da época, que recomendavam a uma moça de boa família o ensino musical ao lado de outras atividades: cozinhar, bordar e fazer renda; aprender francês e dançar.

---

15 O único parente de Chiquinha envolvido com a música era o seu tio paterno e padrinho, Antonio Eliseu, flautista amador, o grande animador musical da família.

O gênero da música   39

Seguindo as normas de decoro, que indicavam para as mulheres o ensino por meio de aulas particulares, Chiquinha teve aulas de piano em casa com o compositor Elias Álvares Lobo (1834-1901). É preciso lembrar também que a aula particular era o modo predominante de aprender piano, já que neste período as mulheres não podiam frequentar os cursos do Liceu de Artes e Ofícios e das associações musicais. Lembremos que no Imperial Conservatório ainda não havia o curso de piano, nem para homens nem para mulheres.

É evidente que a prática do piano integrada ao contexto das atividades domésticas não visava à formação de uma musicista, nem sequer era vista como um exercício artístico, mas sim como parte da educação feminina, um mero passatempo antes do casamento:

> (...) ao pequeno espaço de tempo que mediava entre a vida da menina e da senhora, que a moça entregava-se ao aprendizado da música e das maneiras, ao interesse pelos vestidos, vivendo na expectativa da chegada do marido (SOUZA, 1987, p. 89).

Mesmo quando o casamento não punha um fim à sua prática, esta se destinava ao entretenimento. O piano estava situado na sala de visitas ou na sala de música, dois espaços femininos na casa, organizados de forma a permitir que a esposa apresentasse, nas reuniões sociais, sua desenvoltura e polidez no trato social, indicativos da posição social de sua família. O papel da mulher era ornamentar as reuniões sociais, sendo as apresentações musicais (tocando e/ou cantando ao piano) apenas uma das formas de cumprir sua tarefa (CARVALHO, 2008, p. 156-157). Decerto, a prática musical do piano no âmbito da casa é parte do processo de modificação do espaço doméstico rumo à especialização de seus ambientes: a "casa moderna" passou a expressar a posição social da família, isto é, o consumo privado e individual adquiriu suma importância para a construção de identidades sociais e sexuais neste período, daí a crescente "mercantilização dos objetos domésticos e a sua exibição privada e ostensiva" (idem, p. 22).

Não por acaso, Chiquinha teve suas aulas de piano até aproximadamente seus 13 anos, quando se casou com Jacinto Ribeiro do Amaral, oficial da Marinha Imperial. O fato irônico é que seu pai lhe deu um

40 Dalila Vasconcellos de Carvalho

piano como dote de casamento, piano este que será um dos motivos da separação do casal. Com o casamento, Chiquinha não colocou o piano depois de suas obrigações como esposa, e o marido, enciumado com tanta dedicação da esposa ao que deveria ser somente uma prenda, exigiu que Chiquinha escolhesse entre ele (o casamento) e o piano (sua ambição artística): ela escolheu o piano. Ao se separar em 1869, ela foi renegada tanto pela família, que a proibiu de ver os filhos, como também pela sociedade Imperial.

Ela transformou o piano em um instrumento de trabalho; afinal, precisava sobreviver de suas apresentações como pianista, da venda de suas composições e das aulas. Neste sentido, o apoio que recebeu de Callado foi fundamental para sua atuação como pianista e, mais tarde, como compositora. Foi ele o responsável por sua introdução no universo predominantemente masculino da vida boêmia do Rio de Janeiro. Chiquinha inseriu-se aí "como um homem": começou tocando seu piano no grupo de choro de Callado, tornando-se a primeira "pianeira".[16] Tocou depois pelos cafés-cantantes, confeitarias, bailes etc. Mais tarde, passou a compor peças dançantes para o universo que a acolheu, isto é, próprias para "o salão": lundus, maxixes, tangos; e mais tarde, para o Teatro de Revista ou "Teatro Musicado", que absorveu esta produção musical. Chiquinha consolidou-se como compositora nas duas décadas finais do século XIX, período em que mais compôs e participou ativamente da vida musical carioca, o que demonstra a popularidade do repertório dançante e dos "pianeiros" nos salões.

Podemos dizer que o piano, no final do século XIX, ainda era um instrumento predominantemente de "salão", isto é, sua prática e seu repertório visavam à sua execução na vida social de bailes, festas e salões. Era assim um instrumento coadjuvante, "acompanhador". Na Europa, por sua vez, devido a um longo processo social e histórico que não pretendemos discutir aqui, o piano já era apresentado em concertos solos, nos quais os "virtuoses", já remunerados pelas suas apresentações, eram a grande atração, como

---

16   Era esse o "nome pejorativo para músicos de pouca formação musical e muito balanço." (MACHADO, 2007, p. 20).

O gênero da música   41

Clara Schumann (1819-1896)[17] e Franz Liszt (1811-1886), considerados respectivamente, a primeira pianista a empreender uma carreira de intérprete e o "pai do recital moderno" (BARONI, 1999, p. 55, 62). À luz desse quadro, torna-se possível entender por que Luiza Leonardo interrompeu a carreira de pianista ao retornar definitivamente para o Brasil, depois de passar dois anos em Lisboa como pianista da corte de Luís I, de Portugal. Afinal, como ela poderia se apresentar como um intérprete-pianista, aos moldes europeus, se o piano no Brasil era ainda um instrumento da sala de visitas e seu repertório de valsas, polcas e maxixes, destinado a alegrar recepções sociais?

Luiza não foi a primeira bolsista do Imperador a enfrentar os problemas e as dificuldades existentes no universo musical erudito carioca no seu retorno ao Brasil. O pianista e compositor Carlos Cavalier Darbilly (1846-1918),[18] 13 anos mais velho que ela, encontrou as mesmas dificuldades anos antes, em 1871, ao retornar do Conservatório de Paris, onde também foi estudar com o auxílio concedido por D. Pedro II. Ao retornar ao Rio de Janeiro encontrou a seguinte situação: não havia o curso de piano no Imperial Conservatório. Por falta de recursos financeiros desta instituição, quem ensinava o instrumento aos interessados, uma vez por semana, era o professor de canto, Arcângelo Fiorito (1813-1887). Ao deparar-se com as condições precárias e o com o descaso do ensino do piano no Imperial Conservatório, Darbilly se ofereceu para dar as aulas de piano sem receber por elas nenhuma remuneração. Foram quase dez anos, entre 1873 e 1881, em que contribuiu para a consolidação do ensino do piano na instituição. Somente em 1883, aos 37 anos, depois de passar em concurso, tornou-se o primeiro professor nomeado de piano do Imperial Conservatório.

Carlos Darbilly retomou igualmente suas atividades na "música séria" e na "música ligeira": tocava e compunha peças para as operetas, para

---

17   Clara Schumann deu seu primeiro concerto solo em 1830, em Leipzig. Logo depois, acompanhada pelo pai, partiu em viagem pela Europa, apresentando-se em vários países (SILVA, 2008).

18   Os dados sobre Carlos Cavalier Darbilly foram obtidos em Marcondes (2000) e Cacciatore (2005).

42 Dalila Vasconcellos de Carvalho

o Teatro de Revista e era professor do Liceu de Artes e Ofícios. Mesmo antes de partir para Paris, já estava habituado a se revezar entre os estudos de piano no Conservatório Imperial e a composição de peças "ligeiras", pois assim aprendeu com o pai, o francês Charles Juste Cavalier, que era, ao mesmo tempo, trompetista da Capela Real de D. Pedro II e organizador, compositor e regente das orquestras de bailes.

Luiza, ao contrário de Darbilly, não teve outra escolha, senão iniciar outra carreira. Dividida entre o teatro lírico, para o qual tinha mais afinidade, e o teatro dramático, decidiu-se pelo segundo, seguindo o conselho dado pela mãe. Não sabemos se sua mãe pretendia afastá-la da ópera ou do teatro de revista, já que os dois gêneros eram muito apreciados no Rio de Janeiro e as cantoras de ópera, reverenciadas pelo público. De qualquer forma, a escolha pelo teatro evidencia que a carreira de atriz e a de cantora eram duas possibilidades para as mulheres, enquanto a carreira de pianista "virtuose" parecia impossível no país.

Luiza estreou em 1884 no teatro Polytheama, com a peça *O gênio de fogo*, de Primo Costa. Mais uma vez ela contou com a anuência do Imperador D. Pedro II, que compareceu à sua estreia. Viajou pelo Brasil apresentando-se em inúmeros espetáculos, entre os principais: *Casa de bonecas*, de Henrik Ibsen, *Dama das camélias*, de Alexandre Dumas Filho e *Maria Tudor*, de Victor Hugo. Na década de 1890, no auge do sucesso do teatro de revista, o teatro dramático foi perdendo espaço na cidade, pois as companhias, priorizando o lucro, preferiam cada vez mais encenar as operetas, "o teatro musicado", em detrimento dos textos dramáticos. Luiza não apreciava o teatro de revista, entretanto, mesmo contrariada, participou de alguns espetáculos. Ela dedicou-se ao teatro dramático até 1900, deixando os palcos após a morte de Moreira de Vasconcellos, diretor da companhia em que atuava do qual era também amiga.

Na época em que Carlos e Luiza retornaram ao Brasil, não havia a prática do concerto de piano solo e os concertos de câmara e sinfônicos eram escassos. O processo de renovação musical que fomentará a prática dos concertos, de modo geral, só teve início na década de 1880, com a criação dos principais clubes musicais, e chegará ao seu apogeu às vésperas da proclamação da República. Os clubes musicais, isto é, as associações privadas de música, cujos sócios eram formados por membros

O gênero da música   43

da corte e de sua elite circundante, foram criadas para incentivar a prática do concerto de câmara e sinfônico e divulgar o repertório clássico, em detrimento da ópera (AZEVEDO, 1956).

Embora a primeira associação musical, *A Sociedade Filarmônica*, tenha sido fundada em 1834 por Francisco Manuel da Silva (1795-1865), só no final do Império é que elas ganham força graças ao apoio da Princesa Isabel:

> Uma das principais razões do sucesso dessas associações, que marcaram época no cenário artístico fluminense, foi a adesão das elites do Segundo Reinado, bem como da família imperial, tendo à frente a Sereníssima Princesa Imperial, a qual, além de patrocinar a Sociedade de Concertos Clássicos, não raro exibia seus dotes de pianista amadora em bailes e concertos no Palácio Isabel em Laranjeiras, sendo secundada, em seu apoio à musica, por seu Augusto Esposo, distinguido, em 1887, com o título de presidente honorário do Clube Beethoven (PEREIRA, 2007, p. 49).

Tais associações foram importantes sob vários aspectos, dentre os quais, cabe destacar a apresentação de muitos pianistas estrangeiros, entre eles Thalberg (1812-1871), pianista virtuoso apontado como rival de Liszt. Foram eles que trouxeram ao Brasil o modelo do concerto solo de piano no qual o pianista executava suas próprias composições e peças de outros compositores como por exemplo Chopin (1810-1849), compostas especificamente para o instrumento, além de fazer improvisações sobre peças muito conhecidas do público.[19]

Outro aspecto importante das associações é que elas colocaram ao alcance dos músicos brasileiros um espaço de concerto, de trabalho e de ensino musical, em oposição aos grandes teatros. Contudo, é preciso ressaltar que, com exceção da princesa Isabel, até 1888, as mulheres não podiam frequentar a programação cultural das associações e tampouco apresentar-se como artistas. Outro obstáculo, portanto, à carreira de Luiza e das mulheres em geral, um espaço a menos para apresentações públicas.

---

19   Entre 1850 até o final do século XIX, pelo menos 37 pianistas estrangeiros vieram se apresentar no Rio de Janeiro ou em São Paulo (TOFFANO, 2007, p. 64).

44   Dalila Vasconcellos de Carvalho

Entre as associações mais importantes estão: o *Clube Beethoven* (1882), A *Sociedade de Concertos Clássicos* (1883) e a *Sociedade de Concertos Populares* (1887). No *Clube Beethoven*, o mais importante, apresentaram-se os principais músicos do período e, entre os pianistas brasileiros, destacamos Carlos Mesquita (1864-1953), Carlos Cavalier Darbilly e Alberto Nepomuceno (1864-1920).

A *Sociedade de Concertos Populares* foi criada pelo pianista e compositor Carlos Mesquita, que realizou, entre 1887 e 1889, a primeira série de concertos sinfônicos públicos do Brasil. A *Sociedade* divulgou obras da escola francesa de Jules Massenet (1842-1912) e apresentou em primeira audição obras de compositores brasileiros: o próprio Carlos Mesquita, Leopoldo Miguéz (1850-1902) e Francisco Braga (1868-1945) (PEREIRA, 2007, p. 46).

É preciso dizer que Carlos Mesquita[20] foi aluno de composição de Massenet e de piano de Antoine-François Marmotel no Conservatório de Paris, onde foi estudar com bolsa do imperador D. Pedro II. Em 1881, antecedido por Luiza, ganhou o primeiro prêmio de piano do Conservatório de Paris. Ao retornar ao Brasil, tornou-se professor do Imperial Conservatório de Música.

Em São Paulo, a vida musical também se consolidava no final do século XIX. Para tanto contribuíram os estrangeiros que fixaram residência em São Paulo, entre eles, destacamos Henrique Luís Levy (? -?), clarinetista francês que veio para São Paulo e, no ano de 1860, abriu um importante e tradicional estabelecimento comercial de música: a *Casa Levy*, que funciona até hoje (AZEVEDO, 1956, p. 155-156). Aí também as associações contribuíram para a divulgação e expansão da prática do concerto, essencial para o desenvolvimento do piano enquanto instrumento solista. As associações de maior destaque são: o *Clube Haydn*, fundado em 1883, e o *Clube Mendelsohn*. Entretanto, quando finalmente as associações estavam no auge – isto é, o gosto pelos concertos sinfônicos e de câmara se disseminara e o repertório musical se diversificara – a proclamação da República em 1889 marcou o fim da monarquia e com ela, encerraram-se

---

20   Os dados sobre Carlos Mesquita foram obtidos em Marcondes (2000) e Cacciatore (2005).

O gênero da música   45

as atividades das associações musicais. O Imperial Conservatório é extinto para a criação do Instituto Nacional de Música, em 1889. A trajetória dos artistas que tiveram relações de amizade e gratidão com o Imperador D. Pedro II sofreu um revés; Carlos Darbilly, por exemplo, foi afastado do cargo de professor de piano com a criação do Instituto Nacional de Música e fundou o Conservatório Livre de Música. Não obstante, o caso mais emblemático desta mudança repentina ocorreu com o compositor Carlos Gomes, que foi rejeitado pelo Instituto Nacional de Música e colocado no ostracismo pela República.

Às vésperas da proclamação da República, D. Pedro II pretendia reformar o Imperial Conservatório de Música e nomear o compositor para a sua direção. Porém, em seguida, aos 15 de novembro de 1889, foi nomeada uma comissão para reformar o velho conservatório. Sendo o projeto aprovado, a antiga instituição é extinta e criado o Instituto Nacional de Música, para o qual foi nomeado diretor, o compositor Leopoldo Miguéz (1850-1902). Carlos Gomes, mesmo enfrentando graves problemas de saúde e financeiros, retornou a Milão, sabendo de sua rejeição: "Lá não me querem nem para porteiro do conservatório" (NOGUEIRA, 2007, p. 20). No fim da vida, em 1895, foi convidado para dirigir o Conservatório de Belém do Pará, mas já muito doente, nem chegou a tomar posse; morreu em 1896.

Luiza Leonardo, de seu lado, também enfrentou muitos obstáculos para continuar a carreira no Rio de Janeiro após 1889. Com o fim da monarquia, perdeu não somente a pensão que recebia de D. Pedro II, mas também sua proteção, passando a ser julgada pela sociedade carioca: estava então separada do segundo marido e precisava prover seu próprio sustento. Luiza casou-se pela primeira vez na França, teve dois filhos, falecidos em tenra idade. Viúva, casou-se pela segunda vez em São Paulo, com João da Costa Nogueira, do qual logo se separou. Depois de abandonar o teatro, passou um período apresentando-se ao piano na Argentina e no Paraguai. Neste país, foi convidada para dar aulas de canto e piano no Instituto Paraguaio, mas recusou o cargo, preferindo voltar ao Brasil.

Em 1901, no Rio de Janeiro, lutou com muito esforço para dar seus concertos, um deles, realizado no Conservatório Livre de Música, graças ao apoio de seu fundador, o compositor e pianista Carlos Darbilly. Mesmo assim, a situação desfavorável em nada se alterou e Luiza continuou à

46 Dalila Vasconcellos de Carvalho

margem do cenário musical "erudito". Cansada, resolveu partir para Bahia na esperança de lá conseguir novas oportunidades artísticas e, novamente, viu-se desamparada, sem meios para sobreviver. Luiza foi acolhida como preceptora dos filhos do viúvo e jornalista Sílio Boccanera Júnior (1863-1928). O casamento de Luiza e Sílio ocorreu em 1904, após tornar-se viúva do segundo marido. Com o casamento, Luiza abandonou definitivamente a carreira artística aos 45 anos de idade.

Comparando a trajetória dos "músicos do Império", aqui considerados em função do ambiente familiar, é possível dizer que, com exceção de Chiquinha Gonzaga, todos os demais – Carlos Gomes, Henrique de Mesquita, Carlos Darbilly, Joaquim Callado e Luiza Leonardo – são iniciados na música pelo pai. Mais do que isso, para Carlos Gomes, Henrique de Mesquita, Carlos Darbilly e Joaquim Callado, o pai transmite não somente o gosto, mas também o ofício da música, ou seja, uma atividade profissional para sustentar a si próprio e a família. Assim, o aprendizado e o início da carreira se desenrolam junto ao pai, no seu espaço de atuação: na igreja, nos bailes ou na corte. Os filhos aprendem tocando e, mais tarde, almejando ir além das conquistas do pai, procuram aprofundar o conhecimento musical na busca pelo reconhecimento como compositores.

O aprendizado musical, que antes só podia ser feito com um professor particular, agora era também realizado no Imperial Conservatório e, para alguns, na Europa. Para todos eles a composição está associada à prática de instrumentista; primeiro, começam a compor peças para o meio em que estão inseridos, isto é, gêneros musicais com os quais tinham familiaridade. Mais tarde, Carlos Gomes, Henrique de Mesquita e Carlos Darbilly, para mostrar seus conhecimentos e buscando o reconhecimento de seus pares na "música erudita", passam a compor óperas, missas, peças sinfônicas, entre outras.

Entre estes músicos, é comum tocar mais de um instrumento e exercer múltiplas funções (instrumentistas, regentes, compositores, professores), pois atuavam numa gama enorme de atividades musicais, circulando em esferas diferentes: nas igrejas, nos bailes e salões, nas orquestras dos Teatros de Revista ou na corte.

Carlos Gomes foi o único que, após a consolidação da carreira de compositor, pôde se dedicar exclusivamente à música erudita, e isso se deve à

O gênero da música   47

sua permanência na Europa. Para Henrique de Mesquita e Carlos Darbilly, a formação na Europa deu-lhes novas e melhores oportunidades ofertadas pelas igrejas, pela corte, pelas associações musicais e pelas instituições. Entretanto, não permitiu o abandono das outras atividades que lhes garantiam o sustento. Ainda assim, podemos dizer que Carlos Darbilly, Joaquim Callado e Henrique de Mesquita chegaram ao topo da profissão ao serem nomeados professores do Imperial Conservatório de Música, como dito anteriormente, o principal sinal de prestígio da época.

A trajetória de Chiquinha Gonzaga, em muitos aspectos é semelhante à dos compositores de sua geração: do mesmo modo foi professora, pianista, compositora, maestrina. Começou a carreira de pianista circulando pela vida noturna carioca e tocando em bailes, saraus, confeitarias, cafés. A faceta de compositora surgiu logo em seguida: imbuída pelo gênero dançante de música, compôs polcas, maxixes, lundus e bem como para o teatro de revista.

Contudo, Chiquinha não teve na família um ambiente musical favorável, ao contrário, nunca teve o apoio dos pais para desenvolver sua ambição musical, o que levou ao rompimento familiar definitivo. Para ela, a música deixou de ser uma prenda doméstica e se transformou numa vocação irresistível, impulsionando-a a buscar suas realizações em detrimento dos papéis de mãe e esposa. Uma vez que não herdou da família o ofício musical, o apoio e o incentivo de Callado são essenciais para sua inserção na "música ligeira", meio predominantemente masculino.

Além disso, se compararmos sua trajetória com a de seu padrinho, sob o ponto de vista dos índices de consagração da época, observaremos que, em nenhum momento, ela esteve próxima da Família Real, apesar da popularidade que alcançou. O que nos leva a afirmar que Chiquinha conseguiu realizar sua vocação, mas sempre sofrendo as consequências do trânsito no universo masculino da boêmia e do fim do seu casamento. Por esse motivo, ao contrário de Callado, Chiquinha não foi condecorada nem nomeada professora do Imperial Conservatório. Ao longo de sua carreira, recebeu apenas o reconhecimento popular, seu prestígio restringiu-se ao universo da "música ligeira".

Luiza Leonardo, por sua vez, tem uma trajetória muito peculiar comparada aos demais "músicos do Império". Também formada pelo pai,

48   Dalila Vasconcellos de Carvalho

Luiza foi preparada para ser uma pianista "erudita"; estimulada desde cedo, dedicou-se exclusivamente ao instrumento (seu desenvolvimento no piano foi precoce, como visto). Formada pelo Conservatório de Paris, além de adquirir um conteúdo musical sólido e "erudito", foi estimulada a compor. Ao ganhar o prêmio de piano, foi considerada uma "virtuose" do instrumento e estava pronta para exibir-se em concertos.

Luiza é a primeira intérprete-pianista brasileira bem-sucedida na Europa; o incentivo precoce dado pelo pai e a proteção de D. Pedro II foram fundamentais para que alcançasse um alto nível como pianista e atriz, acima dos parâmetros atingidos por homens e mulheres de seu tempo. Por outro lado, o fracasso de sua carreira como pianista no Brasil pode ser atribuído a dois motivos principais: a inexistência da prática do concerto solo de piano no Rio de Janeiro e a impossibilidade de uma mulher seguir carreira artística e viver do seu trabalho. Na ausência da proteção Imperial, Luiza tornou-se, sobretudo, uma transgressora: uma mulher sem marido tentando sustentar a si própria com a música, assim como Chiquinha Gonzaga.

Portanto, o fracasso de Luiza Leonardo e o não reconhecimento de Chiquinha pelos meios "eruditos" demonstram que a carreira musical, seja como "pianeira" ou como concertista, era quase impossível para as mulheres desta geração, tanto no universo da música popular quanto da erudita. Nem a popularidade conquistada por Chiquinha, nem o apoio imperial, o diploma e o prêmio obtidos na França por Luiza foram suficientes para alçá-las à condição de artistas/profissionais.

Se para Carlos Gomes, Carlos Darbilly e Luiza Leonardo o fim da monarquia foi um desastre para suas carreiras, para outros músicos, o advento da República e a criação do Instituto Nacional de Música descortinaram um novo horizonte pleno de oportunidades, sobretudo para aqueles que não obtiveram as benesses imperiais, como foi o caso do pianista e compositor Alberto Nepomuceno, que teve seu pedido de auxílio ao Imperador negado.

Logo, se até o advento da República, o Conservatório era uma instituição subordinada ao poder político do imperador como todas as instituições dos meios artísticos, grande mecenas do período, entre 1890-1920, o agora chamado Instituto Nacional de Música tornou-se o centro de uma disputa encabeçada pelos três primeiros diretores-compositores da escola

O gênero da música   49

– Leopoldo Miguéz (1850-1902), Alberto Nepomuceno (1864-1920) e Henrique Oswald (1852-1931) – instaurada não apenas pela conquista de um cargo institucional, mas pelo poder de construir uma instituição própria para o músico "erudito" e de impor seus projetos estéticos neste espaço ainda em formação (PEREIRA, 2007).

"Músicos de transição": a cisão simbólica entre o universo "erudito" e o "popular"

Logo após a Proclamação da República, iniciou-se um processo progressivo de substituição dos símbolos monárquicos. Entre eles, o primeiro a ser remodelado foi o hino monárquico, que deu lugar ao novo hino republicano. Por meio de um concurso lançado em 22 de novembro de 1889, o hino vencedor foi composto pelo compositor e diretor do INM, Leopoldo Miguéz; em segundo lugar, ficou o hino do compositor Francisco Braga e no terceiro, o hino de Alberto Nepomuceno.[21]

Francisco Braga e Alberto Nepomuceno receberam como prêmio uma bolsa de estudos de quatro anos para se aperfeiçoarem na Europa. Nepomuceno, que já estava na Europa, precisamente na Itália – financiado por amigos, pois não havia conseguido o auxílio do Imperador – ao receber a bolsa, partiu para Alemanha, em 1890, com vistas a estudar composição. Mesmo estando na Alemanha, foi nomeado professor de órgão do INM, em 1894, e mais tarde foi seu diretor por duas vezes, respectivamente em 1902-1903 e 1906-1916.

Alberto Nepomuceno nasceu em Fortaleza em 1864. Aprendeu a tocar piano com o pai, que era músico profissional: violonista, regente, professor, compositor e organista da catedral de Fortaleza. Pensando na carreira musical do filho, a família mudou-se para Recife em 1872. Aos 16 anos, com a morte do pai, Nepomuceno passou a sustentar a mãe e a irmã, como professor de música. Anos depois, conheceu o músico Euclides d'Aquino Fonseca (1854-1929), nessa época regente da orquestra do *Clube Carlos Gomes* de Recife, que contribuiu sob vários aspectos para o desenrolar da carreira do pianista. Nepomuceno logo se destacou no piano, apresentando-se em

---

21   Os dados sobre Alberto Nepomuceno foram obtidos em Pereira (2007).

50   Dalila Vasconcellos de Carvalho

diversos clubes. Em 1885, mudou-se para o Rio de Janeiro, onde iniciou a carreira como pianista e professor na academia do *Clube Beethoven*. Animado pelo amigo, o escultor Rodolfo Bernadelli (1852-1931) tentou obter o auxílio para completar os estudos na Europa, mas teve seu pedido negado; não se sabe ao certo o que motivou a recusa. Passados os primeiros anos de instabilidade política no país, algumas associações que haviam encerrado suas atividades por ocasião do advento da República foram retomadas com novos nomes e outras, criadas com o objetivo de "modernizar" o gosto musical. O projeto da *Sociedade de Concertos Populares*, sob o nome de *Associação de Concertos Populares*, foi reaberta em 1896 por Nepomuceno, que passou a reger a orquestra. Um dos termômetros da alteração do gosto é a preferência nesse momento pelo alemão Richard Wagner (1813-1883), "moderno" aos olhos do público apreciador de música erudita, em detrimento da ópera de estilo italiano, que se tornava sinônimo de "atraso".

O espaço ocupado por Nepomuceno era de suma importância e ele o utilizou para trazer aos palcos fluminenses primeiras audições de obras inéditas na cidade. Regeu muito Beethoven, Liszt, Wagner, Saint-Saens, e os brasileiros Carlos Gomes, Miguéz, Henrique Oswald e a si próprio (PEREIRA, 2007, p. 122).

Nepomuceno também se destacou pela defesa do canto em português. Se outrora alguns compositores como José Maurício Nunes Garcia (1767-1830), Francisco Manuel da Silva (1795-1865) e Carlos Gomes (1836-1896) escreveram inúmeras modinhas que alcançaram popularidade, Nepomuceno é considerado o criador da "canção de arte" no vernáculo, já que as modinhas, muitas delas escritas em italiano ou francês, não eram incluídas no repertório "erudito" (MARIZ, 2002). Tal mudança ocorreu a partir do trabalho de Nepomuceno em prol do canto em português e de sua atuação como compositor, produzindo muitas canções com versos e textos de escritores brasileiros.[22] Segundo Pereira (*Op. cit.*), o projeto estético e político de Nepomuceno tem como matriz o imaginá-

---

22   Em 1904, foram publicados dois volumes de canções de Nepomuceno que reuniram os nomes mais expressivos das letras da época (PEREIRA, 2007, p. 165).

O gênero da música   51

rio social e político da primeira República: o debate sobre a constituição de uma nação brasileira. Em consonância com o projeto ideológico do regime Republicano, Alberto Nepomuceno torna-se o músico oficial do regime (*Op. cit.* p. 193).

O concurso do hino também foi a grande oportunidade da carreira do clarinetista Francisco Braga.[23] Oriundo de família pobre e sem qualquer vínculo com a música, ele dificilmente teria ido estudar na Europa, se não tivesse ganhado o prêmio. Francisco, então com 21 anos, escolheu estudar em Paris com o compositor Jules Massenet (1842-1912). Depois de permanecer seis anos na capital francesa, instalou-se em Dresden, na Alemanha. Nesta época, influenciado pelas obras de Wagner, passou a compor obras de maior envergadura, transformando-se em um compositor de obras sinfônicas. São desse período o poema sinfônico *Marabá* e *Jurupira* (MARIZ, 2005 p. 125). No entanto, apesar da proeminência que conquistou no meio erudito, Francisco Braga, ao lado das obras "eruditas", compôs inúmeras partituras para bandas militares e, principalmente, para a banda do Asilo dos Meninos Desvalidos, onde tudo começou.

Francisco Braga nasceu no Largo da Glória no Rio de Janeiro, em 1868. Mestiço e órfão, foi internado no Asilo dos Meninos Desvalidos aos oito anos de idade. O diretor da instituição, percebendo o interesse de Francisco pela música, permitiu que estudasse no Imperial Conservatório, onde fez os cursos de clarineta com Antonio Luís Moura e composição com Carlos de Mesquita. Logo passou a reger e a compor para a Banda do Asilo. Com o apoio do seu professor, Carlos de Mesquita, que dirigia a *Sociedade de Concertos Populares*, teve uma de suas composições apresentadas pela primeira vez ao público. Em seguida, com o advento da República, participou do concurso do hino.

Em 1900, ano em que retornou ao Brasil, Francisco Braga foi nomeado diretor da Banda do Asilo dos Meninos Desvalidos. Neste mesmo ano, foi encenado pela primeira vez no Rio de Janeiro seu poema sinfônico *Jurupira* no Teatro Lírico. Embora sua carreira como compositor se desenvolvesse muito bem, impulsionada pela notoriedade e pelo prestígio

---

23 Os dados sobre Francisco Braga foram obtidos em Azevedo (1956) Mariz (2005).

52 Dalila Vasconcellos de Carvalho

advindos do concurso e de sua ida à Europa, Francisco enfrentou grandes dificuldades para se sustentar. Somente em 1902, com sua nomeação para professor de contraponto e fuga e composição do Instituto Nacional de Música, conseguiu alguma estabilidade financeira. Em 1905, compôs o hino à Bandeira cujos versos são do poeta Olavo Bilac. Durante 20 anos Francisco Braga regeu a orquestra da *Sociedade de Concertos Sinfônicos*, fundada em 1912 pelo também clarinetista e professor do INM, Francisco Nunes (1875-1934).

Não parece exagerado afirmar que a consolidação do Instituto Nacional de Música dá-se de forma integrada à "modernidade das ideias republicanas", da qual também fazia parte alcançar a "civilização via música". A instituição torna-se imediatamente o palco de uma disputa entre os professores recém-formados na Europa, que lutavam para implementar uma estética moderna – leia-se a estética alemã e francesa, representadas respectivamente por Richard Wagner e Camille Saint-Saëns (1835-1921) – contra "o conservadorismo" que significava a estética italiana predominante entre professores antigos do Instituto e defendido pelo principal crítico musical, Oscar Guanabarino (1857-1937) (GUÉRIOS, 2003, p. 88).

As transformações internas do Instituto parecem estar articuladas ao impulso de modernização pelo qual passava a cidade do Rio de Janeiro. Denominado a *Belle Époque* carioca, seu marco político é a volta da estabilidade sob a égide das elites no governo Campos Sales (1898-1902). No entanto, é no governo Rodrigues Alves (1902-1906), com a nomeação de Pereira Passos (1836-1913) para prefeito, que o processo de "civilização" da capital da República chegou ao seu auge por meio de transformações urbanísticas inspiradas em Haussmann. O principal símbolo deste período é a abertura da Avenida Central (hoje Avenida Rio Branco), um enorme bulevar inaugurado em 1904. Os principais edifícios públicos construídos em suas margens são: o Teatro Municipal (1909), o Palácio Monroe (1906), a Biblioteca Nacional (1910) e a Escola Nacional de Belas-Artes (1908) (NEEDELL, 1993, p. 61).

Do ponto de vista da cultura, verifica-se uma verdadeira obsessão das elites pelo progresso que transformará o espaço público, o modo de vida e a mentalidade carioca conforme quatro princípios: condenação dos hábitos e costumes ligados à sociedade tradicional – "a negação de

O gênero da música   53

todo e qualquer elemento" da cultura popular; reurbanização da cidade, que expulsou a população pobre do centro, isolando-o para o desfrute das elites e "um cosmopolitismo agressivo identificado com a vida parisiense" (SEVCENKO, 1985, p. 30).

Este processo conflituoso de conversão aos padrões cosmopolitas, impulsionado pelas elites, e de negação do passado colonial, sobretudo da herança negra, tem impacto sobre o universo musical carioca, tornando mais rígidas as fronteiras entre "a música ligeira" e a "música séria", progressivamente denominadas "música erudita" e "música popular". Os elementos associados à "música popular" revestem-se de uma pecha que põe em dúvida não somente a qualidade da obra musical como também a reputação do músico. Desta forma, tais elementos deveriam ser evitados, ou ainda "camuflados", principalmente pelos compositores que buscavam ser reconhecidos como "eruditos".

Na geração anterior era comum os músicos transitarem entre os dois universos, sem que isso representasse um problema. Um compositor podia compor óperas e modinhas, pois enquanto a primeira lhe dava prestígio, a segunda, dava-lhe a popularidade e o sustento. Isso não quer dizer que a circulação dos músicos entre os dois universos tenha deixado de existir; mas a partir de então, é necessário utilizar certas estratégias, como o uso de pseudônimos, para esconder o trânsito entre as fronteiras. Em 1911, por exemplo, Alberto Nepomuceno, não querendo vincular seu nome às operetas, considerado um gênero menor pelos compositores "eruditos", firmou em cláusula contratual à publicação das obras sob pseudônimo João Valdez e o sigilo da editora em relação ao nome do compositor (PEREIRA, 2007, p. 225).

No bojo do processo de modernização da cidade, a vida social dinamizava-se e, do mesmo modo, o universo musical com o cinema (nessa época, toda sala de cinema mantinha um pequeno conjunto musical para acompanhar os filmes), o teatro de revista e as lojas de música. O piano fazia parte dos três ambientes. Se, no princípio, ele é um instrumento doméstico, atrelado aos hábitos aristocráticos da corte, exclusivamente "erudito", no início do século XX está presente em todos os espaços sociais das cidades do Rio de Janeiro e de São Paulo. Coexistia nas salas de concertos, nos teatros, no espaço acadêmico do Instituto Nacional de Música e do Conservatório Dramático e Musical de São Paulo, mas também nos

54 Dalila Vasconcellos de Carvalho

lugares de lazer das camadas médias e pobres, que se divertiam no cinema, nas confeitarias, nas lojas de música ou no espaço doméstico das festas, em torno do piano tocado pelos "pianeiros". Diante de um público ávido por diversão, uma espécie de mercado cultural se constituiu em torno de três elementos fundamentais: o teatro, o piano e os editores de música. A música que fazia sucesso nos teatros logo era impressa em partituras e vendida nas lojas de música após ser exibida pelo pianista demonstrador de partituras (PEREIRA, 2007, p. 226). A produção musical proveniente desta tríade foi vista como "popular", "banal", "chula", sem valor artístico.

Em um contexto, no qual a presença do "popular" é incontestável e concomitante às estratégias cosmopolitas de uma elite armada de práticas e discursos segregacionistas, acirram-se as fronteiras entre os dois universos, gerando novos princípios classificatórios. Se, antes, a corte ditava e hierarquizava o valor artístico, com suas benesses, instituições e condecorações, na República, o Instituto Nacional de Música torna-se o reduto da "música erudita", ocupando posição central na definição e hierarquização da produção musical conforme os critérios advindos da "música ocidental". Por esse motivo, a consolidação da carreira no universo "erudito" passa a depender também da capacidade do músico de entrar no jogo social, dando sentido a sua vocação, ao seu projeto autoral. A trajetória de Ernesto Nazareth é um exemplo emblemático, porque podemos observar claramente os recursos que mobilizou para se diferenciar dos "pianeiros", como por exemplo Chiquinha Gonzaga. Afinal, ele tinha ambição de ser reconhecido como compositor e pianista "erudito".

Nazareth[24] nasceu numa família modesta, em 1863. Seu pai, Vasco, era despachante aduaneiro no porto da cidade do Rio de Janeiro, e sua mãe, Carolina, provavelmente, dona de casa. Foi ela quem fez a iniciação musical dos quatros filhos: Vasco Filho, Nazareth, Júlia Adélia e Maria Carolina, mas apenas Nazareth prosseguiu na carreira. Aos 10 anos de idade, devido à morte da mãe, o pai chega a proibi-lo de tocar, mas logo muda de ideia e consegue outro professor de música para o menino, deixando claro que não apoiaria uma possível carreira musical.

---

24   Os dados sobre Ernesto Nazareth foram obtidos no trabalho de Machado (2007).

O gênero da música   55

Nazareth compõe sua primeira peça aos 14 anos, a polca *Você bem sabe* (1877), que, ironicamente, dedica ao pai. Essa peça foi apresentada a Arthur Napoleão (dono da Casa Editorial Arthur Napoleão & Miguéz), que resolve publicá-la. Nessa época existiam duas opções para editar: ou o compositor vendia a obra antecipadamente, ou arcava com os custos da edição em troca do lucro da vendagem, o que raramente recebiam (PEREIRA, 2007, p. 25). Com o sucesso da publicação, Nazareth começa a se tornar "conhecido" na cidade. Os tios, entusiasmados com sua fama, unem-se na tentativa de arrecadar fundos para enviar o compositor à Europa, realizando o maior desejo de sua vida. Infelizmente, o plano não se realiza e Nazareth prossegue sua carreira no Brasil, apresentando-se no circuito dos clubes das sociedades da elite fluminense, como: o Clube do Rio Comprido, o Clube do Engenho Velho e o Clube de São Cristóvão, o mais aristocrático de todos. Nazareth consegue viver assim da renda de suas músicas, do cachê das apresentações e das aulas particulares. Mais tarde, em plena *Belle Époque* carioca, torna-se um dos compositores mais conhecidos da cidade. Sustentava a família, a esposa e os quatro filhos, com as aulas particulares de música, como pianista demonstrador de partituras nas casas de música e tocando em cinemas da cidade. Por muitos anos foi contratado para tocar na sala de espera do cinema Odeon para entreter o público.[25]

Entretanto, Nazareth mostra-se "avesso à celebridade popular" (MACHADO, 2007, p. 97), não aceitando compor para o teatro de revista, por exemplo. Para se afastar do gênero "popular", decide nomear suas composições de "tango brasileiro", executando também suas peças em andamento lento para não acentuar o caráter dançante das sincopas (*Op. cit.* p. 90). Todas essas estratégias revelam sua ambição de se tornar reconhecido pelas instituições e porta-voz das expressões legítimas da "música erudita" como "compositor erudito" e não como "popular".

Segundo Machado (*Op. cit.*), a frustração de não ter ido estudar na Europa foi determinante na trajetória do compositor, pois é neste momento que "(...) simbolicamente os universos da chamada música erudita e popular se cindiram (...)" (*Op. cit.* p. 26) para o músico: Nazareth fez

---

25 Em 1910, em homenagem aos donos, Nazareth compôs o tango Odeon.

56   Dalila Vasconcellos de Carvalho

sucesso como pianista tocando suas polcas e peças do repertório clássico romântico nos salões da elite fluminense; como compositor, consagrou-se como "o rei dos tangos". No entanto, seus tangos não eram considerados nem "música popular" nem "música erudita" do período. A obra musical de Nazareth só será vista como "música erudita nacional" a partir da década de 1920, quando é relida sob o ponto de vista modernista.[26]

O autor indica três episódios que, segundo ele, retratam "o não lugar" de Nazareth nesse cenário musical, que se quer estritamente demarcado e segregado. O primeiro, ocorrido em 1918, quando o pianista polonês Arthur Rubinstein (1887-1982), considerado um dos maiores pianistas virtuoses do século XX, veio se apresentar pela primeira vez no Brasil. Rubinstein interessou-se em conhecer e ouvir o autor dos famosos tangos brasileiros. No encontro com o pianista, Nazareth, ao invés de apresentar suas próprias composições, insistiu em tocar Chopin.

O segundo episódio ocorreu em 1922. Ao apresentar suas obras num concerto dedicado a compositores "eruditos" brasileiros no Instituto Nacional de Música do Rio de Janeiro, alguns setores reagiram mal à sua inclusão no concerto. O último episódio ocorreu em 1930, no Teatro Municipal do Rio de Janeiro, num concerto da pianista Guiomar Novaes (1896-1979). Nazareth, que já enfrentava problemas de saúde, saiu no meio do espetáculo, lamentando: "Por que eu não fui estudar na Europa? Eu queria ser Guiomar Novaes!" (MACHADO, 2007, p. 27).

O que faltou a Nazareth para que ele se tornasse um concertista como Guiomar Novaes, por exemplo? Para responder a esta pergunta, é preciso primeiro construir um perfil dos intérpretes-pianistas que se destacaram internacionalmente no início do século XX, para compreender os aspectos sociais envolvidos no êxito ou no fracasso de uma carreira em que a busca pelo alto nível separa intérpretes de compositores, e profissionais de amadores.

---

26   Tardiamente, aos 57 anos, Nazareth foi retratado como "gênio" num artigo publicado em 1920 pelo compositor francês Darius Milhaud (1892-1974), que surgiu no panorama musical francês desde 1920, quando integrou o Grupo dos Seis. Esteve no Brasil entre 1917-1918 influenciando o Modernismo (WISNIK, 1977, p. 39).

O gênero da música   57

É evidente que o fato de não ter ido à Europa foi decisivo, mas há seguramente outros aspectos a serem ponderados: por exemplo, o piano na sua ascensão como instrumento solo, e de outro, a separação da carreira do intérprete da do compositor, levam ao desenvolvimento de tarefas cada vez mais especializadas, exigindo uma formação precoce e individualizada para os concertistas, sejam eles, pianistas, cantores ou instrumentistas.

Isto significa dizer que, quando Helza e Joanídia começam a estudar nas primeiras décadas do século XX, as carreiras de compositor e intérprete já se haviam diferenciado, sendo comum que cada profissional exercesse predominantemente apenas uma dessas atividades, diferentemente do que ocorria até o século XIX.

"Músicos contemporâneos": os intérpretes e compositores na era da performance

No começo do século XX é crescente o processo de especialização nas atividades artísticas no Ocidente; em seu bojo, a figura do intérprete emancipado do compositor torna-se tão valorizada quanto este. Afinal, sua performance musical não está mais subordinada ao texto musical; ao contrário, ela é cada vez mais independente da partitura. A capacidade interpretativa torna-se a principal habilidade em detrimento da improvisação e composição (SAID, 1991).

Para entender as mudanças no papel do intérprete ao longo do século XX, precisamos recordar que, no século XIX, era comum, entre os primeiros concertistas, como Clara Schumann, Franz Liszt e Thalberg, o hábito de compor e improvisar peças para os concertos nos quais exploravam e demonstravam virtuosismo. Muitas vezes, improvisavam peças e temas musicais amplamente conhecidos para tornar o concerto solo menos monótono e mais agradável ao público (SILVA, 2008; BARONI, 1999). Se outrora os grandes compositores eram afamados também como intérpretes de sua própria obra, como Mozart, Beethoven, Liszt, Chopin, apenas para citar alguns, no século XX, embora existam exceções, os grandes pianistas são essencialmente intérpretes da obra de outros compositores (SAID, 1991).

58 Dalila Vasconcellos de Carvalho

É no início do século XX que a interpretação de grandes compositores parece tornar-se suficiente para a carreira de concertista. A interpretação passa a ser considerada criativa por si mesma. A sensibilidade, a emoção e a personalidade dos intérpretes vêm a ser exaltadas pela imprensa escrita e pela crítica (TOFFANO, 2008, p. 15).

Antes do advento da gravação, a imprensa escrita especializada, sobretudo os jornais, contribuiu para imortalizar o momento fugaz das "performances ao vivo", exaltando as particularidades de cada artista; ajudou a consolidar seus "nomes próprios" e a sedimentar a imagem dos "virtuoses", das "crianças-prodígio", como portadores de habilidades excepcionais, distanciando o artista do ouvinte, o profissional do amador.

Dois episódios ocorridos no Brasil na década de 1920 nos ajudam a ilustrar o *status*, a importância e o poder conquistado pelo intérprete no universo erudito. Em 1920, Arthur Rubinstein visitava o país pela segunda vez e, curioso pelas informações que recebera sobre certo compositor brasileiro, tomou a iniciativa de conhecê-lo. Foi, então, ao cinema ouvir a orquestra na qual Heitor Villa-Lobos (1887-1959) trabalhava. Percebendo a presença do pianista, a orquestra, que então tocava um repertório internacional, em seguida apresentou algo totalmente diferenciado: uma peça de Villa-Lobos. Encantado, Rubinstein foi aos bastidores para conhecer o compositor, mas por algum desentendimento entre os dois, Villa-Lobos deu-lhe as costas. Dias depois, Villa-Lobos reuniu um grupo de intérpretes e foi até a casa do pianista para apresentar algumas de suas peças. Novamente entusiasmado com o compositor, Arthur Rubinstein passou a incluir peças de Villa-Lobos, como a *Prole do Bebê*, em seus concertos e a apoiá-lo publicamente; mais ainda, comprou algumas obras do compositor para ajudá-lo financeiramente. Foi a partir do apoio de Rubinstein que o nome de Villa-Lobos ganhou evidência e passou a ser considerado um compositor no meio erudito carioca (GUÉRIOS, 2003, p. 115-117). Em outras palavras, Villa-Lobos, ao ser "contaminado" pelo prestígio do renomado intérprete estrangeiro, recebeu a chancela simbólica que lhe faltava para ser incluído nas disputas do universo erudito.

O segundo episódio refere-se à participação da pianista Guiomar Novaes na Semana de Arte Moderna de 1922, em São Paulo, e mostra

O gênero da música   59

o poder e o fascínio que o intérprete exercia sobre o seu público. Como veremos, em 1922, Guiomar já era uma pianista de renome internacional e ajudou a promover a Semana emprestando seu prestígio e atraindo o público para o evento. Contudo, Guiomar não esteve de acordo com todas as polêmicas levantadas pelos modernistas, durante a semana. Manifestou-se publicamente contrária à "zombaria" feita ao compositor polonês Frédéric Chopin (1810-1849).[27] A dissonância da pianista em relação às propostas modernistas reforça a ideia de que Guiomar foi convidada em função da sua importância como intérprete, em detrimento do seu engajamento com o evento.

Por outro lado, entre os músicos comprometidos com as propostas modernistas, havia uma única mulher, a violonista Paulina D'Ambrosio (1890-1976), que no evento executou, entre outras, as obras do único compositor brasileiro a ser considerado "moderno" naquele momento: Villa-Lobos (TRAVASSOS, 2000; GUÉRIOS, 2003). Paulina executou pela primeira vez, ou melhor, realizou a primeira audição de muitas peças do então novato compositor, tornando-se sua violonista predileta.

Embora Paulina seja sempre citada entre os principais artistas do modernismo (apareça em fotos ao lado de Villa-Lobos e outros) e amplamente conhecida pela "escola de violino" que formou na Escola de Música do Rio de Janeiro, curiosamente, não encontramos nenhuma biografia ou estudo sobre ela. Segundo a enciclopédia consultada,[28] ela iniciou seus estudos em São Paulo e logo se transferiu para a Europa, onde se formou em violino pelo Conservatório de Bruxelas, conquistando o grande prêmio desta instituição. Paulina recebeu propostas para continuar na Europa e construir uma carreira internacional, mas foi impedida pelo

---

27   Trata-se de uma peça do compositor francês Erik Satie (1866-1925), que faz uma paródia da Marcha Fúnebre do compositor polonês Frédéric Chopin (1810-1849) (WISNIK, 1977).

28   Ver em Referências Bibliográficas: Marcondes (2000).

60 Dalila Vasconcellos de Carvalho

pai.[29] Prosseguiu sua carreira na cidade do Rio de Janeiro, foi "spalla"[30] da extinta Orquestra Sinfônica do Rio de Janeiro.

Paulina não foi a única intérprete brasileira formada na Europa a empenhar seu próprio renome contribuindo diretamente para a aceitação e, consequentemente, para a consolidação da carreira do compositor das Bachianas; as cantoras Vera Janacópulos (1892-1955) e Bidu Sayão (1902-1999) também realizaram a primeira audição de muitas de suas obras. Bidu tornou-se grande amiga e intérprete, numa parceria que durou até a morte de Villa-Lobos, que dedicou a estas três musicistas algumas de suas obras, uma atitude que demonstra claramente a importância das intérpretes para sua carreira. É curioso notar que Villa-Lobos nunca foi intérprete de sua própria obra, talvez por não ser um exímio violoncelista.

Vera Janacópulos,[31] cantora de câmara, e Bidu Sayão, cantora de ópera, construíram uma carreira internacional. Vera concentrou sua carreira na Europa, embora tenha cantado em várias partes do mundo; e Bidu, nos Estados Unidos. Ambas realizaram seus estudos na Europa, inclusive tiveram o mesmo professor, o célebre tenor e professor russo Jean de Reszke (1850-1925).

Vera nasceu em Petrópolis em 1892; seu pai era grego, sua mãe era irmã de João Pandiá Calógeras (1870-1934), ministro da Guerra no governo Epitácio Pessoa entre 1919 e 1922. Aos quatro anos e meio, foi morar em Paris na companhia da irmã Adriana, que se tornará escultora. Ao que parece, Vera e Adriana(?-?) tiveram que enfrentar a incompreensão da família para seguir a carreira artística. Vera começou estudando violino com o grande violinista e compositor romeno, George Enescu (1881-1955). Aos 16 anos, resolveu estudar canto e seu professor lhe indicou a cantora Reja Bauer (?-?). Anos mais tarde, foi aluna de Jean de Reszke. Vera se apresentou no Brasil pela primeira vez em 1920, depois em 1930

---

29 Esta informação foi concedida por Jacques Nirenberg, violonista e aluno de Paulina, em entrevista concedida em 18 de novembro de 2009.

30 Nome dado ao primeiro violino de uma orquestra. É responsável pela execução dos solos e atua como regente substituto repassando as orientações do maestro à orquestra.

31 Os dados sobre Vera Janacópulos foram obtidos no trabalho de França (1959).

O gênero da música   61

e 1933. Foi convidada para uma cátedra de canto no Conservatório de Paris, mas recusou o convite porque não queria se naturalizar francesa.

Não foram apenas as obras de Villa-Lobos que Vera apresentou em primeira audição; era uma escolha pessoal sempre apresentar em seus concertos obras de jovens compositores ainda desconhecidos do público. Foi assim que fez a primeira audição de diversos compositores "modernos" como: os russos Igor Stravinsky (1882-1971), que foi seu profundo admirador, e Sergei Prokofiev (1891-1953), o francês Maurice Ravel (1875-1935) e o espanhol Manuel de Falla (1876-1946). Em muitas de suas apresentações esteve acompanhada pelos próprios compositores, que aprovavam suas soluções interpretativas.

Bidu Sayão[32] nasceu no Rio de Janeiro, em 1902. Aos cinco anos de idade, perdeu o pai, que era advogado, cabendo à mãe, Maria José, a responsabilidade pela família. Bidu pretendia ser atriz, influenciada pelo tio, o teatrólogo Alberto Costa (?-?). Todavia, foi aconselhada pela família, que considerava a carreira de atriz um risco para a "moral" de uma moça de família e sem o pai, a não seguir a profissão.

Começou a estudar canto ainda na adolescência com a professora romena Helena Theodolini. Estreou no Teatro Municipal do Rio de Janeiro em 1920, aos 18 anos de idade. Depois de quatro anos de estudo, foi levada para a Romênia pela professora e lá deu início a sua carreira internacional. Com a morte da professora, sua mãe a conduziu até Nice, na França, para ser aluna de Jean de Reszke.

Em Roma, no ano de 1926, estreou no teatro lírico interpretando Rosina, da ópera *O Barbeiro de Sevilha*, do compositor italiano Gioachino Rossini (1792-1868). Em 1937, Bidu estreou no Metropolitan Opera House[33] e permaneceu no seu quadro de artistas por mais 15 anos. Foi a principal intérprete de Villa-Lobos, fez gravações de sua obra que se tornaram consagradas, como as *Bachianas nº 5*, gravada em 1945; durante

---

32   As informações sobre a cantora Bidu Saião foram obtidas em Marcondes (2000) e CACCIATORE (2005).

33   Fundado em 1880, é a maior organização de música clássica dos Estados Unidos. É, ainda hoje, um dos principais palcos da ópera no mundo.

62   Dalila Vasconcellos de Carvalho

dois anos foi o disco mais vendido de música erudita nos Estados Unidos. Bidu faleceu aos 92 anos, em 1995, nos Estados Unidos.[34]

Analisando conjuntamente as poucas informações obtidas sobre a carreira de Paulina, Vera e Bidu, elas apontam pistas valiosas acerca da profissão do intérprete na era da "performance desligada da composição" (SAID, 1991, p. 32), mostrando, por exemplo, como uma sólida formação "erudita" obtida na Europa é fundamental para alcançar o êxito na profissão.

Tendo em vista que, na geração anterior, Luiza Leonardo, apesar de formada pelo Conservatório de Paris, teve imensas dificuldades para atuar como uma pianista profissional no Brasil e, por isso, abandonou a carreira, interessa-nos saber como Guiomar Novaes, Antonietta Rudge (1885-1974) e Magda Tagliaferro (1893-1986) tornaram-se as primeiras intérpretes-pianistas do país. Vejamos mais de perto de que modo a vocação surgiu, como foi recebida pela família, os incentivadores, o caminho seguido e os obstáculos existentes até a profissionalização.

Quando Antonietta, Magda e Guiomar nasceram, o piano já estava em seus lares, ou seja, foi na família que encontraram o estímulo para o estudo, de modo que foram iniciadas no instrumento por volta dos cinco anos de idade e, antes dos dez anos, já se apresentavam em público.

Guiomar[35] teve com os irmãos mais velhos o primeiro contato com o piano. Nasceu em São João da Boa Vista, no interior de São Paulo, em 1894, sendo a décima sétima filha, dos 19 filhos do casal Anna, dona de casa, e Manoel, major do Exército e negociante de café. Suas irmãs mais velhas tocavam piano incentivadas pela mãe, que, no passado, teve pretensões artísticas e que, frustrada, estimulou os filhos, pois "desejava ardentemente que um dos seus filhos seguisse a carreira artística" (ORSINI, 1992, p. 31). Antonietta e Magda foram iniciadas no piano, respectivamente, pela mãe e pelo pai. Antonietta[36] nasceu na capital paulista, em

---

34   Pouco antes de morrer, a vida da cantora foi tema do samba-enredo da Escola de Samba Beija-Flor de Nilópolis. Bidu entrou na avenida no último carro alegórico.

35   Os dados sobre Guiomar Novaes foram obtidos no trabalho de Orsini (1992).

36   Os dados sobre Antonietta Rudge foram obtidos em Toffano (2007), Marcondes (2000) e no documentário: ANTONIETTA RUDGE: O ÊXTASE EM MOVIMENTO.

O gênero da música   63

1885, filha de João Henrique e Ana Emília, de ascendência inglesa. Ana Emília a iniciou no piano e estimulou seus estudos.

Magda[37] nasceu em Petrópolis (RJ) em 1893, filha de Paulo Tagliaferro e Louise, ambos franceses. Seu pai desejava ser cantor e pianista, mas fora impedido pelo pai, tornando-se engenheiro; ainda sim, enquanto estudava engenharia, teve aulas de canto e piano. No final, acabou por abandonar a profissão para se tornar professor de música, uma vez que já era tarde para iniciar uma carreira de cantor ou pianista (TAGLIAFERRO, 1979, p. 9). Quando Magda completou cinco anos, ele imediatamente a iniciou no piano. Aos nove anos, ela faz sua estreia em concerto realizado no Clube Internacional de São Paulo. Até sua morte, em 1907, o pai incentiva e planeja sua carreira musical, levando-a até Paris com um único objetivo: prepará-la para ingressar no Conservatório da capital francesa. Em 1906, aos 13 anos, Magda ingressou no Conservatório de Paris e, em 1907, ganhou o primeiro prêmio do Conservatório; em seguida saiu em *tournée* pela França, acompanhada pelo compositor francês Gabriel Fauré (1845-1924). No âmbito pessoal, sua vida amorosa foi pouco convencional para época: teve três maridos, mas de fato, nunca se casou. Sobre o casamento disse:

> Eu já era refrataria à ideia de perder minha independência e, além disso, o casamento haveria de trazer problemas para minha carreira, o que me fazia afugentar todo o importuno. Eu passava por todos esses romances, muito encantada, mas raramente conquistada. Aliás, foi quase sempre assim (eu digo quase!) pela minha vida afora. Não obstante, fui uma pessoa concentrada em mim mesma e creio que assim me tenho mantido (TAGLIAFERRO, 1979, p. 32).

Em São Paulo, já no final do século XIX e início do XX, em plena "era do café", a cidade emergia como um pólo musical. A riqueza das famílias produtoras de café e o fluxo imigratório, sobretudo de italianos, contribuíram para a efervescência cultural da cidade. Foi um grupo de fazendeiros que trouxe o maestro italiano Luigi Chiaffarelli (1856-1923)

Direção Norma Bengell. Rio de Janeiro: RioFilme, 2003. 1 DVD (86 min).

37   Os dados sobre Magda Tagliaferro foram obtidos em um livro de memórias escrito pela própria pianista em 1979.

64 Dalila Vasconcellos de Carvalho

para ensinar piano às moças paulistas em 1883. Contudo, sua competência e compromisso com o ensino ajudaram a difundir o piano como um instrumento de concerto. Nos 40 anos em que viveu na cidade, ele consolidou uma escola de piano que formou diversos artistas de renome, entre eles Antonietta, Guiomar e Souza Lima, os dois últimos ganhadores do prêmio de piano do Conservatório de Paris. Em sua casa reunia alunos e recebia os músicos estrangeiros que visitavam a cidade. Ademais, participou da fundação do Conservatório Dramático e Musical em 1906.

O professor Chiaffarelli residiu em São Paulo por quarenta anos; este mestre teve uma intensíssima atuação no desenvolvimento musical de nosso meio. Homem de vastíssima cultura artística, formado na Alemanha, onde teve, entre outros mestres, Sigmund Lebert, lecionou também na Suíça. Diplomado em Letras, era professor de italiano, francês e alemão; chegou a falar treze idiomas. Foi, indiscutivelmente, o pioneiro do ensino de piano em São Paulo, formando os pianistas de maior renome do Brasil (LIMA, 1986, p. 28).

Antonietta foi uma das primeiras pianistas paulistas a alcançar reconhecimento internacional. Ainda na infância, despertou a atenção de Chiaffarelli e depois da imprensa, que sempre a retratou como uma criança-prodígio, ressaltando sua habilidade excepcional para a memorização e para leitura à primeira vista.[38] Apresentou-se pela primeira vez na Sala Levy, em 1893. Mais tarde, fez outras apresentações no Clube Internacional, no Clube Germânia e no Salão Steinway. Em 1912, participou da fundação da Sociedade de Cultura Artística em São Paulo; nesta instituição, fez vários concertos. Há também registros de apresentações suas no Teatro Municipal de São Paulo e no Instituto Nacional de Música no Rio (TOFFANO, 2008, p. 100).

Apesar do talento e da carreira que se desenvolvia muito bem, com o apoio financeiro da família para a realização de concertos, casou-se muito jovem com o primo, também de ascendência inglesa, Charles

---

38   Há relatos de que ela era capaz de memorizar e tocar com perfeição uma peça musical, tendo a ouvido apenas uma vez (TOFFANO, 2008).

O gênero da música   65

Miller (1874-1953).[39] Aos 20 anos, em 1905, viajou para a Europa pela primeira vez, acompanhada do marido, que a ajudou a realizar concertos no Bechstein Hall em Londres. Depois, se apresentou ainda na França e Alemanha. Após o casamento e o nascimento dos dois filhos do casal, Antonietta passou a se apresentar esporadicamente, recusou vários convites para novas *tournées* na Europa, pois não queria ausentar-se de sua família. Além disso, sabe-se que Charles Miller gostava que Antonietta tocasse o piano, mas não chegou a tomar a mesma atitude do marido de Guiomar Novaes, ex-aluno de piano de Chiaffarelli: Octavio abandonou sua carreira profissional de arquiteto para cuidar pessoalmente da carreira da esposa e da família (ORSINI, 1992).

Segundo Toffano (2008), a carreira de Antonietta ficou irremediavelmente abalada com o fim do seu casamento. Nos anos 20, separou-se de Miller para viver com o poeta Menotti Del Picchia (1892-1988). O casamento desfeito para viver com outro homem tão conhecido e respeitado quanto Charles Miller, tornou-se um escândalo. Sua atitude foi reprovada pela família e pela sociedade da época, que não poupou Antonietta de um julgamento feroz.

Guiomar, a primeira aluna de Chiaffarelli a ganhar o prêmio do Conservatório de Paris, chegou a São Paulo levada pela mãe graças à ajuda financeira para a viagem que recebeu da madrinha e amiga da família, Alda Silva Prado (1857-1940). Guiomar tornou-se aluna do mestre Chiaffarelli e, em 1902, aos oito anos, fez sua primeira apresentação em público. Estudar no Conservatório de Paris esteve, desde cedo, no horizonte da pianista, estimulada pelo professor, pela madrinha e pela mãe; tornou-se seu maior sonho. Em 1909, aos 15 anos, ganhou uma bolsa do governo do Estado de São Paulo para estudar na França e foi admitida em primeiro lugar no Conservatório. Em julho de 1911, ao concluir o curso de piano, ganhou o primeiro prêmio, o que favoreceu a realização de muitos concertos na Europa. Em um deles, em 1912, a princesa Isabel esteve presente.

Guiomar casou-se em 1922. O primeiro filho nasceu em 1923; teve dois filhos e, mesmo depois de casada e mãe, não abandonou a carreira,

---

39   Charles Miller é considerado o introdutor do futebol no Brasil.

66 Dalila Vasconcellos de Carvalho

pois tinha o apoio do marido que cuidava da família e da sua carreira. Ao ficar viúva em 1950, Guiomar, pela primeira vez em sua vida, aos 56 anos de idade, teve de cuidar de sua vida profissional e familiar. Devido à sua inabilidade para tal tarefa, enfrentou inúmeros problemas profissionais e financeiros (TOFFANO, 2008).

Ao final do esboço sucinto da trajetória das pianistas, podemos destacar alguns aspectos fundamentais para compreender a construção da vocação, a começar pelo fato do gosto musical ser um bem cultural herdado da família. O surgimento precoce do interesse pelo instrumento deve-se à constituição no âmbito familiar de uma relação íntima com a música, pois, como bem nos lembra Bourdieu (1994): "A música não são os discos e a eletrola dos vinte anos, graças aos quais descobrimos Bach e Vivaldi, mas o piano da família ouvido desde a infância e vagamente praticado até a adolescência (...)" (*idem*, p. 97).

A transição do "piano tocado vagamente" para uma prática com vistas a uma carreira profissional requer a figura do incentivador, geralmente uma pessoa da família, assim como a figura do professor abalizado que oriente o estudo das exigências técnicas do instrumento; juntos, família e professor, assumem a responsabilidade de conduzir os primeiros passos da carreira. Vimos que no caso de Magda, seu pai exerceu as duas funções, de pai e professor, e com a sua morte, a concertista assumiu não só condução de sua vida profissional e afetiva, bem como o sustento da própria mãe. Guiomar teve em Chiaffarelli o professor e mestre, e na mãe, a pessoa da família que participou ativamente para que tivesse um bom professor de piano e pudesse se dedicar exclusivamente ao estudo do instrumento. Mais tarde, Otávio ocupou o lugar da mãe na condução da carreira e da vida pessoal de Guiomar.

Quando examinamos a trajetória de Antonietta sob o mesmo aspecto, começamos a desvendar alguns dos motivos que levaram à interrupção precoce de sua carreira. Primeiro, observamos que o apoio dado pelos pais no início da carreira não foi suficiente para desviá-la do seu destino social. Sua posição social elevada contribuiu para que ela cumprisse o destino das moças refinadas, a saber: casar-se ainda jovem para garantir e manter o *status* social da família. Soma-se a isto, sua falta de ambição profissional, segundo depoimentos de sua filha Helena; Antonietta nunca

O gênero da música   67

almejou construir uma carreira profissional, não gostava de tocar em público (RUDGE *apud* TOFFANO, 2007, p. 102-103).

Ainda que o casamento e a maternidade fossem as principais obrigações femininas e, frequentemente, os principais obstáculos à carreira profissional, Magda e Guiomar conseguiram burlar as convenções de gênero: primeiro, graças ao apoio incondicional da família, que não teve dúvidas em afastá-las das atribuições de mãe e esposa em prol da carreira; segundo, a carreira internacional deu-lhes mais liberdade para conduzir suas vidas. Morando muitos anos no exterior, não estavam submetidas aos preconceitos e julgamentos vigentes na sociedade brasileira.

Embora as carreiras de compositor e de intérprete tenham se tornado distintas, isto não quer dizer que os músicos não pudessem transitar entre as duas ao longo da vida. Neste sentido, é interessante analisar a trajetória de Souza Lima, pois ela constitui um caso exemplar face às inúmeras possibilidades existentes: primeiramente, iniciou a carreira como intérprete-pianista (sua presença era uma exceção entre as mulheres). Depois, passou a compor e, no final da vida, dedicou-se, sobretudo, à regência.

Souza Lima,[40] nascido em 1898 na capital paulista, foi o segundo aluno de Chiaffarelli a receber o prêmio do Conservatório de Paris. Tornou-se aluno do prestigiado professor em 1910 e chegou ao Conservatório de Paris, em 1919, aos 21 anos, depois de receber uma bolsa de estudo do Pensionato Artístico do Estado de São Paulo.[41] Obteve o primeiro prêmio de piano em 1922, aos 24 anos. É interessante notar que, ao contrário das pianistas, Souza Lima chegou bem mais velho ao Conservatório; de fato, se não fosse pelos danos causados pela Primeira Guerra, jamais teria estudado no Conservatório, pois quando desembarcou em Paris já havia ultrapassado a idade limite, que só foi estendida em razão da guerra.

---

40   Os dados sobre Souza Lima foram obtidos em uma autobiografia escrita pelo próprio pianista em 1982.

41   O *Pensionato Artístico* foi uma instituição criada em 1912 e extinta em 1931 pelo governo do Estado de São Paulo com o objetivo de promover a produção artística no Estado, concedendo bolsas de estudos para Europa aos artistas que a comissão julgava merecedores. Naquela época, o Estado não tinha nenhuma Faculdade ou curso superior de artes.

68 Dalila Vasconcellos de Carvalho

Souza Lima partiu para a capital francesa sem expectativa alguma: estudar no conservatório e quiçá ganhar o primeiro prêmio já se configuravam frustrações. Em sua biografia, ao relembrar o que sentiu com a oportunidade de ingressar no conservatório, evidencia o significado da escola e do prêmio para sua carreira profissional:

> Foi, então, para mim, o início de uma vida nova, cheia de mais entusiasmo, cheia de ambição e de vontade de me tornar um artista de verdade e possuir um diploma que seria uma honra e uma glória para a minha profissão (LIMA, 1986, p. 67).

Seguramente, o diploma e o prêmio eram as chancelas simbólicas que faltavam para que Souza Lima se sentisse "um artista de verdade", a despeito dos longos anos de estudo e do prestígio que já alcançara como pianista nos círculos artísticos e intelectuais da cidade. Assim como as pianistas, Souza Lima encontrou na família um ambiente propício para o desenvolvimento musical; todos seus irmãos e irmãs aprenderam a tocar piano e sua mãe sempre apoiou sua carreira. Entretanto, o irmão mais velho, Paulo Augusto, destacava-se entre eles, segundo Souza Lima "(...) foi, talvez, um dos primeiros pianistas do sexo masculino que se dedicou com afinco para tornar-se um concertista" (*idem*, p. 18).

Ao que tudo indica, assim como seu irmão, Souza Lima está entre os poucos homens de seu tempo que se tornou um intérprete-pianista. Conforme seu relato, era o único homem entre as alunas de Chiaffarelli; não por acaso, nas reuniões com os alunos que organizava em sua casa, Souza Lima sentava-se ao lado do mestre.

Foi sob a influência e a orientação do irmão que Souza Lima, aos quatro anos de idade, deu seus primeiros passos na música. Somente aos 12 anos tornou-se aluno do professor Chiaffarelli, pois o irmão estava sobrecarregado com as atividades de sua própria carreira. Sem deixar de lado o piano, Souza Lima foi encaminhado pelo próprio Chiaffarelli para aulas de composição com o professor Agostinho Cantú. Não tardou muito para que o jovem aprendiz de composição se arriscasse como compositor, participando de dois concursos: o primeiro foi um concurso de composição promovido pela revista "A cigarra" e patrocinado pela Casa Levy. Era preciso compor uma valsa e um tango. Souza Lima ficou em primeiro

O segundo concurso foi promovido pelo Centro Musical de São Paulo e destinava-se à música sinfônica; Souza Lima ficou em segundo lugar com um minueto, o primeiro foi dado ao seu irmão, Paulo Augusto.

Concomitantemente aos estudos, Souza Lima trabalhou muito tocando e regendo as orquestras dos cinemas, apresentando-se nas reuniões de casas de família, acompanhando os músicos de renome que vinham se apresentar na cidade. Foi graças a um amigo que conheceu, por exemplo, a família da pintora Tarsila do Amaral (1886-1973).

Mais tarde, novamente conduzido por um amigo, Waldemar Otero, tornou-se assíduo frequentador da famosa Vila Kyrial. Trata-se da mansão do Dr. José de Freitas Valle, advogado e político importante que ocupou altos cargos no governo; sua casa era um centro cultural da cidade aonde afluíam artistas, intelectuais, escritores e políticos. Participavam das reuniões desde artistas consagrados até os novos talentos. Segundo Souza Lima, era um ambiente em que se respirava arte. Freitas Valle, juntamente com Ramos de Azevedo e Sampaio Viana, constituíam a comissão que dirigia o Pensionato Artístico de São Paulo; sem dúvida, a oportunidade para Souza Lima decorreu do seu contato com Freitas Valle na Vila Kyrial. Podemos dizer que sua entrada no círculo da elite intelectual paulista pode ser considerada um sinal de que o pianista gozava de prestígio e ascendera socialmente, situação que a bolsa veio apenas ratificar.

A concessão da bolsa a Souza Lima foi recebida de forma controversa por sua família. Seguramente, o único que apoiou desde o princípio sua ida para Paris foi Paulo Augusto, o irmão mais velho. A reação defensiva de sua família pode ser interpretada de várias formas, mas claramente demonstra que a ida de Souza Lima à Europa era algo inesperado; de certa forma, ele já tinha uma carreira profissional que transcorria bem, aos moldes da carreira do irmão mais velho.

Souza Lima voltou de Paris em 1930, casou-se e retornou à capital francesa com a esposa. Realizou *tournées* internacionais e depois pelo Brasil. A cena por ele encontrada conhecia algumas alterações. Em 1935, como sabido, foi criado o Departamento de Cultura do Município de São Paulo pelo prefeito Fábio Prado, que convidou os intelectuais Paulo Duarte e Mário de Andrade para organizarem a entidade da qual Mário seria o

70 Dalila Vasconcellos de Carvalho

diretor. Nessa ocasião, o Teatro Municipal foi reestruturado, criou-se o corpo estável com uma atuação fixa e definida composto pela orquestra, que já existia, e pelos recém-criados: Coral Lírico, Coral Paulistano, o Quarteto de Cordas, que recebeu o nome de Quarteto Haydn, e o trio (piano, violino e violoncelo) denominado Trio São Paulo. Souza Lima foi convidado a integrar o Trio São Paulo. Sua atuação como regente começou a partir de um convite de Mário de Andrade para reger pela primeira vez um concerto sinfônico. Tratava-se na verdade de um teste; sabiam que Souza Lima havia estudado regência na França e desejavam avaliar o desempenho do então pianista conduzindo uma orquestra sinfônica. Em vista do êxito da estreia, Souza Lima foi oficializado como regente da Orquestra Municipal de São Paulo, sua principal atividade musical ao longo de 32 anos. Trabalhou ainda na Rádio Tupi e Gazeta como diretor artístico e regente das orquestras das respectivas rádios (LIMA, 1982 p. 176-177; 182).

A partir dos traços reunidos aqui, podemos comparar a trajetória do pianista Souza Lima à das pianistas Antonietta, Guiomar e Magda, buscando construir um perfil destes "virtuoses" dos primórdios do século XX e evidenciando como as convenções de gênero estão entrelaçadas a aspectos importantes na construção da carreira de concertista, a começar pelo ambiente familiar.

A presença solitária de Souza Lima, e do próprio irmão, entre as pianistas – situação ressaltada por ele nos seus relatos sobre "o pioneirismo" do irmão e sua presença solitária entre as alunas de Chiaffarelli – oferece uma pista segura acerca da predominância das mulheres no instrumento, o que é confirmado pelos números. De fato, no século XX, as mulheres são a maioria entre os alunos de piano: entre 1912 e 1921, dos 50 alunos laureados no curso de piano, 41 são mulheres e 9 são homens. No Conservatório Dramático e Musical de São Paulo, entre 1913 e 1929, dos 634 diplomados no curso de piano, apenas 17 eram homens (TOFFANO, 2008, p. 78-79; 85).

A predominância feminina no piano é consequência da inclusão do ensino do instrumento na educação feminina como parte das prendas domésticas, isto é, como uma obrigação que independe do envolvimento dos pais com a música, da vontade e da aptidão das moças. Ainda que tal ensino não tivesse como objetivo a formação de artistas e profissionais, ele

O gênero da música   71

facilitou o acesso das mulheres à sua prática, uma vantagem significativa, se considerarmos que a "precocidade" é uma marca comum entre os concertistas consagrados.

Já para os rapazes, o contato com o piano dependia muito mais da relação dos pais com a música: de uma mãe, que apesar do casamento e das obrigações familiares, não tenha abandonado o hábito de tocar o piano, carregando consigo uma vocação frustrada que acabava por transmitir aos filhos (homens e mulheres); ou de um pai, músico amador nas horas de folga. Portanto, o ensino do piano para os homens é um capital cultural transmitido principalmente pelos pais, sem o envolvimento mais próximo destes com a música; dificilmente o piano seria mais do que um móvel da sala de visitas para um menino.

De certa forma, a precocidade atenua o peso dos longos anos de estudos exigidos para formar um intérprete-pianista; quer dizer, é apenas o primeiro passo, de modo que nessa fase de formação, o aprendizado do instrumento requer sempre muitas horas de estudo. Para isso, é necessário que o estudo também seja uma prioridade para a família. A ela cabe incentivar o estudo, acompanhar as primeiras apresentações, procurar bons professores, pagar aulas, adquirir os métodos etc.

Nas trajetórias de Souza, Magda, Guiomar e Antonietta, encontramos um ambiente familiar propício e figuras centrais que ajudaram a despertar, e depois, a construir a vocação musical: o pai de Magda, a mãe de Guiomar e a de Antonietta, a mãe e o irmão mais velho de Souza Lima.

As diferenças entre seus percursos aparecem em relação ao inicio da carreira e à formação musical. Enquanto Magda, Guiomar e Antonietta se dedicaram exclusivamente ao piano e logo buscam na Europa a oportunidade de uma carreira internacional como concertistas, Souza Lima começa a trabalhar tocando piano tanto em sociedades dedicadas à música erudita quanto em cinemas, lojas de música, pequenas orquestras e clubes. Ele começa também a compor; e aqui vale dizer que a composição entrou em sua vida por iniciativa de Chiaffarelli. O professor separa claramente as tarefas: ao aluno, a composição; às mulheres, o piano.

Podemos dizer que para Souza Lima a carreira de intérprete-pianista era uma possibilidade, entre outras, de compor, reger e tocar em conjunto de bailes – opções que não estavam disponíveis às mulheres, em razão das

72 Dalila Vasconcellos de Carvalho

restrições de gênero e classe social. Assim, resguardando a reputação e a posição social da família, as opções para as mulheres eram: na ausência de aptidão musical, abandonar o instrumento; tornar-se diletantes, quando o casamento não punha um fim à prática do piano; ou concertistas, quando encontravam apoio da família para o desenvolvimento artístico do instrumento em detrimento dos papéis de mãe e esposa. A escolha feita por Chiquinha Gonzaga – de atuar no universo boêmio da "música popular" – continuava a ser uma subversão às convenções de classe e gênero.

Enquanto Antonietta, Magda e Guiomar se especializaram cedo, focando os seus estudos e metas exclusivamente em razão da carreira de concertista, Souza Lima tinha outras opções de atividades musicais e, aos poucos, explorou algumas delas. Em razão disso, os anos foram se passando e a oportunidade lhe surgiu quase "por acaso", já com uma carreira em andamento.

A consolidação da carreira do concertista é um processo longo, apesar do começo ainda na infância. Os primeiros obstáculos surgem logo na transição para a adolescência, quando aparecem outras responsabilidades sociais a concorrer com os estudos do piano. Em razão disso, o apoio familiar continua fundamental para que o pianista continue a se dedicar exclusivamente ao piano em detrimento de qualquer outra tarefa.

Para os homens, a necessidade de prover seu próprio sustento ou mesmo o da família impõe aos músicos, entre eles aos pianistas, o trabalho: dar aulas, tocar e compor nos mais diversos estilos e ambientes, não havendo muito tempo para o estudo aprofundado do instrumento. A situação se agrava quando os pais, desejando uma carreira de maior *status* social e ganho financeiro para o filho, são contrários à carreira musical, obrigando-os, muitas vezes, a seguir outra profissão. Já para as mulheres, o casamento constitui um dos maiores obstáculos à carreira musical, pois o apoio dos pais à prática do piano na infância, muitas vezes, não se sobrepõe ao desejo de que as filhas realizem um bom casamento, como pudemos observar na trajetória de Antonietta Rudge. Casadas e mães, dependem do apoio do marido e da família para colocar a carreira à frente das obrigações de mãe e esposa, como no caso de Guiomar Novaes.

Todavia, a trajetória de Antonietta Rudge revela que há ainda outro desafio a ser enfrentado pelas mulheres de certo extrato social: a exposição

O gênero da música   73

pública a que são submetidas em um concerto. Ainda que sejam possuidoras de habilidades suficientes para o exercício do piano, muitas pianistas não se sentiam à vontade na situação de concerto, pois tinham sido educadas para ter pudor, decoro e, de certo modo, tocar em público é transgredir estas noções.

Para concluir, cabe dizer que Nazareth fez fama como intérprete de suas próprias composições e, justamente por isso, sentia-se "fora de lugar"; desejava ter alcançado o renome como intérprete-pianista de um grande compositor da "música erudita", quem sabe de Chopin. Para além das dificuldades próprias do cenário musical já descritas, ainda lhe faltariam dois elementos essenciais encontrados no perfil dos intérpretes-pianistas analisados até aqui: apoio familiar (com a morte da mãe que o iniciou no piano, o pai recusa-se a apoiá-lo) e uma formação "erudita" sólida no piano, iniciada na infância e consolidada nas instituições musicais da Europa.

Ainda a geração dos contemporâneos: os compositores-regentes e a pianista-compositora

Villa-Lobos foi o único compositor eleito como "moderno" pelos organizadores da Semana de 1922, em razão do uso que fazia de técnicas composicionais consideradas de "vanguarda" (GUÉRIOS, 2003, p. 121). Se compararmos a formação musical do compositor com a formação musical das intérpretes tratadas anteriormente, observaremos que, ao contrário delas, Villa-Lobos foi praticamente um autodidata: nunca teve aulas com um professor renomado, muito menos estudou em instituições como o Instituto Nacional de Música, tampouco se aperfeiçoou na Europa. Quando viajou para Paris em 1923, foi para se apresentar como compositor. A falta de um diploma, de uma educação musical formal foi um argumento usado inúmeras vezes por seus detratores para desqualificar suas obras.

Ao lado dos compositores de seu tempo, como Dinorá Gontijo de Carvalho (1895-1980), Oscar Lorenzo Fernandez (1897-1948) e Francisco Mignone (1897-1986), a diferença de sua formação musical permanece

74 Dalila Vasconcellos de Carvalho

visível: Lorenzo foi aluno do Instituto Nacional de Música, enquanto Dinorá e Francisco são formados pelo Conservatório Dramático e Musical de São Paulo, com aperfeiçoamento na França e na Itália, respectivamente.

Villa-Lobos[42] e Francisco Mignone[43] foram iniciados na música pelo pai: Raul Villa-Lobos era um músico amador; Alfério Mignone, um músico profissional. Mignone nasceu em São Paulo em 1897, filho de imigrantes italianos; aprendeu a tocar flauta com o pai, que era flautista da Orquestra Municipal de São Paulo. Aos 10 anos de idade começou a estudar piano, sem deixar de tocar a flauta que o pai lhe ensinou (MARIZ, 2005). Villa-Lobos nasceu na cidade do Rio de Janeiro, em 1887. Filho de imigrantes espanhóis, começou a estudar música com o pai, funcionário público que tocava violoncelo e clarinete. Por volta dos 12 anos de idade, perdeu o pai, seu grande incentivador. Sua mãe passou a sustentar a família, lavando e passando guardanapos para a famosa Confeitaria Colombo, localizada no centro do Rio de Janeiro (GUÉRIOS, 2003, p. 49). Ela não queria que Villa-Lobos fosse músico, preferia que seguisse a profissão de médico. Aliás, um desejo comum dos pais na época, pois Lorenzo Fernandez, carioca e também descendente de imigrantes espanhóis, começou a estudar medicina por imposição dos pais. Depois de uma crise nervosa, foi obrigado a permanecer em repouso, começou a estudar música por distração e nunca mais se afastou. Estudou piano e teoria. Ingressou no Instituto Nacional de Música aos 20 anos e lá foi aluno de piano de Henrique Oswald, e de contraponto e fuga de Francisco Braga. Destacando-se como aluno, em 1924, aos 25 anos tornou-se professor de Harmonia do INM. Começou a ganhar destaque como compositor depois de vencer, em 1922 e 1924, dois concursos de composição promovidos pela Sociedade de Cultura Musical, instituição que ajudou a fundar em 1920 e durou até 1926. Em 1936, fundou o Conservatório Brasileiro de Música (MARIZ, 2005).

Villa-Lobos, sem recursos para estudar e precisando trabalhar, inicia sua vida profissional tocando violoncelo em diversas orquestras, chegando

---

42 Os dados sobre Villa-Lobos foram obtidos no trabalho de Guérios (2003).

43 Os dados sobre Francisco Mignone e Lorenzo Fernandez foram obtidos no trabalho de Mariz (2005), Cacciatore (2005), Azevedo (1956) e Marcondes (2000).

O gênero da música   75

a viajar para outros estados, sem deixar de tocar seu violão e conviver com a música dos chorões. Quando voltou ao Rio de Janeiro, por volta de 1912, decidido a empenhar-se na música, passou a trabalhar na Sociedade de Concertos Sinfônicos, dirigida por Francisco Braga. Foi esta orquestra que o apresentou como compositor, executando pela primeira vez uma obra de sua autoria, uma *Suite Característica* para instrumentos de corda (GUÉRIOS 2003, p. 104). Casou-se pela primeira vez em 1913 com a pianista Lucília Guimarães. Começou a compor por volta dos 27 anos, em 1914 (*idem*, 2003).

Mignone, seguindo o caminho do pai, já na adolescência dividia suas atividades entre o universo da música "erudita" e "popular": estudava no Conservatório Dramático e Musical de São Paulo, diplomando-se em piano, flauta e composição em 1917. Ao mesmo tempo, fazia apresentações como pianista e flautista em pequenas orquestras e conjuntos de todos os tipos e compunha "música popular" sob o pseudônimo Chico Bororó. A primeira vez em que deixou de utilizar o pseudônimo foi num concurso[44] de composição promovido pela Revista *A Cigarra* e patrocinado pela Casa Levy, em que era preciso compor uma valsa e um tango: Mignone ganhou o primeiro lugar na valsa e segundo com o tango (MARIZ, 2005).

Como foi dito anteriormente, o uso de pseudônimo é uma estratégia usada pelos compositores para esconder o trânsito pela "música popular", de modo a preservar suas ambições no meio "erudito", avesso a contaminações populares. Por essa razão, durante a década de 1910, Villa-Lobos pouco utilizou elementos associados à "música popular" em suas obras, pois aqueles constituíam um risco às suas pretensões artísticas, ainda mais porque o valor atribuído à "música nacional" era insignificante se comparado à supervalorização de tudo o que fosse do exterior (GUÉRIOS, 2003, p. 99). É interessante observar que Mignone e Villa-Lobos começam a conceber uma ideia sobre "música nacional" e a utilizar elementos da "música popular" ou indígena para esse fim, depois de viajarem à Europa na década de 1920.

Em 1919, depois do êxito de sua apresentação como pianista e compositor no Teatro Municipal de São Paulo, Mignone ganhou uma bolsa

---

44   Trata-se do mesmo concurso que premiou Souza Lima e seu irmão.

76 Dalila Vasconcellos de Carvalho

do Pensionato Artístico do Estado de São Paulo, foi estudar em Milão com o compositor Vicenzo Ferroni. Para mostrar suas aptidões compôs sua primeira ópera, *O Contratador de Diamantes*, de 1921, da qual se destacou *Congada*, peça de bailado que integrava o segundo ato da ópera, em que Mignone aproveitou um tema de lundu extraído do livro de Johann Baptist von Spix (1781-1826) e Carl Friedrich Philipp von Martius (1794-1868) publicado no século XIX, contendo transcrições de melodias populares e indígenas.[45]

A peça foi tão bem aceita que Mignone, ainda na Europa, produziu outras peças sinfônicas utilizando elementos da "música popular". Em 1929, voltou para o Brasil; em 1933, mudou-se para o Rio de Janeiro, nesta época, tem início a colaboração com o poeta Mário de Andrade, que o incentivou a seguir as propostas modernistas. A primeira obra produzida neste contexto foi *Maracatu do Chico Rei*, segundo Mariz (2005), "*um bailado afro-brasileiro.*" (p. 232).

Em 1934, Mignone tornou-se professor de regência no INM, substituindo o maestro Walter Burle-Marx (1902-1990), sua estreia na condução de uma orquestra sinfônica ocorreu em 1920, regendo suas próprias composições. Destacou-se como regente na década de 1930, apresentando-se não somente no Rio de Janeiro, mas em outras cidades brasileiras e até na Europa: Berlim e Roma, entre 1937 e 1938 (AZEVEDO 1956, p. 296; 305-306).

Villa-Lobos foi o primeiro compositor "erudito" a escutar as gravações de música indígena e utilizá-las em suas composições (GUÉRIOS, 2003, p. 143). Em 1925, o compositor ouviu os fonogramas gravados pelo antropólogo Edgard Roquette Pinto (1884-1954) durante sua participação em uma dessas expedições realizadas em 1908. Na sua volta da Europa, Villa-Lobos buscou fontes que lhe fornecessem informações sobre a música indígena, além de ouvir os fonogramas, consultou obras como: *Histoire d'un voyage à la terre du Brésil*, de Jean de Léry e *Rondônia*, de Roquette Pinto

---

45 Trata-se de dois pesquisadores austríacos que vieram ao Brasil fazer um levantamento explanatório (botânico, zoológico, mineralógico etc.) e coletaram canções populares e indígenas que foram transcritas e publicadas no livro: *Brasilianische Volkslieder und Indianische Melodien*.

O gênero da música   77

(*idem*). O compositor descobriu-se brasileiro em Paris; foi a partir desta viagem, isto é, do contato com as impressões europeias sobre a nação e a nacionalidade brasileira, que passou a construir-se como artista brasileiro. Sob o nome de *Choros* o compositor agrupou as músicas nacionais que passou a produzir:

> Para representar o Brasil musicalmente, Villa-Lobos achava necessário sintetizar a música popular e a música indígena. Fica claro que o Brasil que Villa-Lobos representa em sua música é o Brasil selvagem e exótico – não qualquer Brasil, mas o Brasil concebido pelos parisienses. Nos choros, Villa-Lobos transportava para a linguagem musical as imagens europeias sobre a nação brasileira: a nação da natureza, dos índios e também de personagens da música popular. Villa-Lobos tornou-se um músico brasileiro conforme a imagem que o espelho europeu lhe mostrava (GUÉRIOS, 2003, p. 142-143).

Villa-Lobos foi seguido por Lorenzo Fernandez, que também utilizou as gravações de Roquette Pinto em *Imbapara* (1929), poema sinfônico sobre o texto do escritor mineiro Basílio de Magalhães (1874-1957), que narra as aventuras de um guerreiro indígena condenado à morte (MARIZ, 2005, p. 201). No mesmo ano, esta peça foi executada pela primeira vez pela Orquestra do Instituto Nacional de Música sob a regência do maestro Francisco Braga (AZEVEDO, 1956, p. 319). Na década de 1930, Lorenzo Fernandez também atuou como regente apresentando suas próprias obras, bem como, de outros compositores brasileiros. Em 1936, Lorenzo Fernandez fundou o Conservatório Brasileiro de Música. Faleceu em 1948, depois de reger a Orquestra do INM (Escola Nacional de Música) (CACCIATORE, 2005 p. 234-235).

É interessante observar que para os compositores Villa-Lobos, Lorenzo Fernandez e Francisco Mignone, a prática da regência surge associada à composição, esta ainda não havia se tornado uma especialidade, tal qual conhecemos hoje, onde o músico (instrumentista e/ou compositor), tem a possibilidade de escolher dedicar-se à ela exclusivamente, preparando-se por meio de uma formação musical específica. Vale dizer que o primeiro professor de regência do INM, o maestro Walter Burle-Marx (1902-1990) estudou regência na Suíça. Nomeado em 1932, foi sucedido por Mignone em 1934.

78   Dalila Vasconcellos de Carvalho

Além de Francisco Mignone, Mário de Andrade também exerceu sua influência sobre Dinorá de Carvalho;[46] não fosse pelo seu incentivo e apoio, a pianista jamais teria se tornado uma compositora engajada nas propostas modernistas. Dinorá nasceu em Uberaba em 1895, começou a estudar piano muito cedo, incentivada pelo pai Vicente Gontijo, que era músico amador. Com a morte do pai em 1904, a família transferiu-se para São Paulo. Dinorá está entre as primeiras turmas formadas pelo Conservatório, onde ser formou em 1916, aos 21 anos. Aos moldes dos pianistas do século XIX, tinha o hábito de compor e improvisar em seus recitais de piano. Suas primeiras composições datam de 1912. Destacando-se como pianista, conquistou uma bolsa do Governo do Estado de Minas Gerais para estudar em Paris com o famoso pianista Isidor Philip (1863-1958). Dinorá permaneceu na França entre 1921 e 1924 (CARVALHO, 1996).

Assim como Souza Lima, Dinorá já possuía uma carreira em andamento quando foi estudar na Europa, tardiamente, aos 26 anos, em comparação às trajetórias de Guiomar Novaes e Magda Tagliaferro. A pianista permaneceu na França entre 1921 e 1924. Ao retornar ao Brasil, realizou alguns concertos, mantendo sempre o hábito de apresentar composições suas, até que em uma delas, sua obra *Sertaneja*, foi ouvida por Mário de Andrade, presente ao concerto. Entusiasmado, o poeta incentivou a pianista a compor outras peças e lhe apresentou o professor de composição Lamberto Baldi (1895-1979), com quem ela iniciou seus estudos. Só a partir de então, por volta de 1929, Dinorá passou a se dedicar à composição com afinco. Apesar do seu ingresso tardio nesse universo, por volta dos 34 anos, Dinorá ainda recebeu nove prêmios como compositora, o primeiro deles foi em 1936, com a obra *Festa na Vila* (1936), composta para orquestra.

Embora o hábito de compor fosse cultivado pela pianista desde a infância, foi necessário o incentivo de Mario de Andrade para que ela levasse a sério o próprio talento para a composição. A insegurança de Dinorá revela que a composição era uma atividade predominantemente masculina e o ingresso das mulheres neste universo não é feito sem apoio

---

46   Os dados sobre Dinorá de Carvalho foram obtidos no trabalho de Carvalho (1996) e Caccitore (2005).

O gênero da música 79

e incentivo de seus pares. De outro lado, sua trajetória vem demonstrar como, aos poucos, o piano deu às mulheres acesso à composição, uma alternativa nova, ainda que a sua escolha fosse um desafio cercado de conflitos e dilemas para as mulheres da época.

Dinorá casou-se aos 43 anos, em 1938, com um admirador paranaense, José Joaquim Bittencourt Muricy, que passou a cuidar inteiramente da carreira da compositora. Segundo Carvalho (1996), o casamento tardio é consequência de sua dedicação total à música. Desde a infância, a família afastou Dinorá de todas as tarefas e funções comumente atribuídas às mulheres.

Algumas considerações sobre vocação musical entre intérpretes e compositores de três gerações

Ao longo deste percurso, procuramos desvendar pela consideração dos diversos perfis colocados lado a lado, as circunstâncias e os condicionamentos sociais fundamentais à construção da vocação musical, em suas faces feminina e masculina. Nesse sentido, uma primeira conclusão possível é que a vocação musical é um bem cultural herdado da família, sejam os pais, músicos profissionais, amadores ou músicos de certo modo frustrados.

O nível de envolvimento dos pais com a música interfere no modo de inserção de seus filhos no mundo profissional, pois quando os pais são músicos profissionais (instrumentistas, compositores ou professores de música) – tais como os pais de Carlos Gomes, Carlos Darbilly, Joaquim Callado, Luiza Leonardo, Alberto Nepomuceno, Magda Tagliaferro e Francisco Mignone – transmitem aos filhos o ofício musical, isto é, oferecem um modelo de atuação no meio que significa muito mais do que ensinar um instrumento; trata-se de aparelhar os herdeiros para entrarem no jogo social em vigor no universo em questão. Em alguns casos, são os(as) irmãos(ãs) a desempenharem este papel, como é o caso de Paulo Augusto, irmão mais velho de Souza Lima, exemplo profissional em uma época em que faltavam modelos "masculinos" no piano.

A figura do professor de música torna-se importante quando o pai e mãe, apesar de grandes incentivadores – normalmente, frustrados em seu

80 Dalila Vasconcellos de Carvalho

desejo de serem músicos –, são incapazes de prover todo o conhecimento musical aos filhos, encaminhando-os, sempre que possível, aos melhores professores. Foi assim com Guiomar Novaes.

De todo modo, os professores particulares de música e os estabelecimentos de ensino têm a sua função tanto como fonte de ensino musical quanto via de acesso ao universo da "música erudita", principalmente para os músicos oriundos de família com pouco ou nenhum envolvimento com o universo musical, como Chiquinha Gonzaga, Francisco Braga ou Lorenzo Fernandez, que adquiriram o conhecimento musical necessário por estes meios.

A criação das primeiras instituições de música no País, como o Imperial Conservatório de Música, a Imperial Academia de Música e a companhia de Ópera Nacional, ofereceu uma alternativa gratuita aos professores "pagos"; Joaquim Callado, que desistiu do piano porque não podia pagar um professor particular, por exemplo, aperfeiçoou-se no Imperial Conservatório. Além disso, as escolas proporcionaram um meio mais acessível de concorrer a uma bolsa de estudos para a Europa, oportunidade aproveitada pelos compositores Carlos Gomes e Henrique de Mesquita, conforme visto. Na geração de músicos contemporâneos, vemos surgir uma outra forma de mecenato, o Estado de São Paulo financiou a ida para o exterior de artistas como Guiomar Novaes, João de Souza Lima e Francisco Mignone, já o Estado de Minas Gerais concedeu bolsa de estudos para Dinorá de Carvalho.

A figura do professor particular de música teve suma importância no desenvolvimento da prática do piano no Brasil. São eles que acolhem, a pedido dos pais, o talento dos filhos, orientando-os e preparando-os para a vida musical. Lembremos que são os professores Elias Álvares Lobo, Isidoro Bevilacqua e Chiaffareli a oferecerem aos seus alunos – respectivamente, Chiquinha Gonzaga, Luiza Leonardo, Antonietta Rudge, Guiomar Novaes e Souza Lima – o ensino "erudito" do piano.

Outro aspecto comum a ser destacado é a viagem à Europa como elemento primordial para a consolidação e o reconhecimento profissional, para compositores e intérpretes. Afinal, a ida à Europa tornou-se uma marca de distinção, porque assinalava o *status* de artista, confirmando ao músico e aos seus pares seu pertencimento à "música ocidental".

O gênero da música   81

Por outro lado, conforme o processo de formalização do ensino musical foi se acentuando, o diploma obtido em instituições europeias, como o Conservatório de Paris, foi adquirindo valor nas disputas por autoridade artística. Ao longo das três gerações, os músicos que viajaram ao continente europeu entraram em contanto com diversas ideias e propostas musicais, entre elas as próprias formulações acerca da "música nacional", sobre a qual criaram novas perspectivas e reinventaram suas próprias experiências.

Entre os que estudaram na Europa, apenas Carlos Gomes, Magda Tagliaferro, Guiomar Novaes e as cantoras Bidu Sayão e Vera Janacópulos conseguiram construir uma carreira internacional. Os outros músicos retornaram ao Brasil, onde deram prosseguimento às suas carreiras enfrentando problemas de toda ordem, inclusive financeiros, o que exigiu certa capacidade de adaptação. Afinal, depois de muitos anos engolfados na "música erudita", eram obrigados a emergir num universo musical de práticas musicais múltiplas.

Dois compositores estiveram à margem do Imperial Conservatório de Música (ou Instituto Nacional de Música); são eles Ernesto Nazareth e Villa-Lobos. Depois de perderem a figura que os incentivava (Nazareth, a mãe, e Villa-Lobos, o pai), pouco tempo tiveram para estudar. Sem recursos, tornaram-se autodidatas e logo foram em busca das oportunidades de trabalho como instrumentistas nas orquestras do cinema, nos bailes e saraus realizados nas casas de família.

Nas três gerações analisadas, salvo Lorenzo Fernandez, o começo da carreira entre os compositores é muito semelhante: o trabalho como instrumentista, circulando por espaços sociais distintos, marca um ponto de partida. Tocam (piano, flauta, violoncelo) tanto em conjuntos musicais dedicados à "música séria" quanto à "música ligeira". Com exceção de Villa-Lobos e Ernesto Nazareth, dois autodidatas, os demais compositores, Carlos Gomes, Henrique Mesquita, Carlos Mesquita, Joaquim Callado, Carlos Darbilly, Francisco Braga, Alberto Nepomuceno, Lorenzo Fernandez e Souza Lima, ainda que com dificuldades, sempre conseguiram estudar, seja em instituições, seja com professores particulares, obtendo boa formação "erudita" e até diploma.

82 Dalila Vasconcellos de Carvalho

Todavia, se para os compositores e instrumentistas era absolutamente comum a convivência com estilos e ambientes musicais diversos, o mesmo não se verifica entre as pianistas, cantoras e compositoras. Ao contrário, seus estudos musicais e suas carreiras, desde o início, concentram-se na "música erudita" e no aprendizado de um instrumento. Confinadas a alguns espaços sociais, as pianistas eram proibidas de se apresentarem em público e de serem remuneradas, com exceção das cantoras de óperas estrangeiras e, mais tarde, das cantoras do Teatro de Revista. As moças de conservatório tinham pouco contato com "a música ligeira" ou "popular", que chegava à sala de visitas pelas mãos dos "pianeiros", pela compra de alguma partitura, pelas melodias ouvidas nas ruas ou pela frequência aos teatros.

O perfil assemelhado das pianistas e compositoras dificultou a inserção destas artistas no universo musical, a exemplo de Luiza Leonardo, cuja formação exclusivamente "erudita" no piano foi um dos empecilhos para o prosseguimento de sua carreira no Brasil. Entretanto, no início do século XX, é justamente este perfil o grande trunfo das mulheres (Antonietta, Magda, Guiomar) na carreira de intérprete-pianista.

Não por acaso, Chiquinha Gonzaga é uma das poucas mulheres que conseguiu trabalhar e sobreviver exclusivamente da música já no século XIX. Para isso, trilhou um caminho masculino no universo da "música ligeira", gênero musical considerado de pouco valor artístico. Com o fim do casamento e das relações familiares, perdeu sua posição social, não havia mais o que resguardar. Condenada socialmente, mergulhou no meio que teve suas portas abertas pelo amigo Callado e, como ele, trabalhava tocando, compondo, dando aulas etc.

A carreira de intérprete-pianista tornou-se uma opção de carreira no Brasil apenas no início do século XX, para a "geração dos contemporâneos", em razão da consolidação do ensino do piano, da ascensão do concerto solo do piano, da emancipação do intérprete do compositor e da vinda de inúmeros pianistas estrangeiros que ajudaram a difundir a prática do concerto. Tal carreira se desenvolveu em meio ao processo de formalização e hierarquização da estrutura do universo artístico, o qual levou à especialização das atividades artísticas. A performance musical, cada vez

O gênero da música   83

mais independente da partitura, exigia do intérprete o domínio criativo e técnico do seu instrumento.

No perfil dos intérpretes-pianistas, observamos como o ambiente familiar favorável relaciona-se diretamente ao aparecimento precoce da vocação, que é prontamente reconhecida e encaminhada para um renomado professor de música, muitas vezes o próprio pai. Em seguida, pais e professores, unidos para a realização da carreira, não hesitam em prepará-los para a viagem à Europa visando à carreira internacional, já que no Brasil as possibilidades de profissionalização como intérprete seriam remotas, ainda mais para as mulheres. Portanto, o envolvimento íntimo da família com a música e, posteriormente, com a carreira do pianista, é primordial para o sucesso numa profissão na qual a precocidade é uma das marcas de distinção.

Deste modo, podemos afirmar que a carreira do intérprete-pianista constituiu-se cercada por elementos fundamentais para a materialização da vocação e consolidação da carreira profissional: envolvimento familiar com a música propiciando um estímulo e reconhecimento precoce da vocação; dedicação aos estudos objetivando uma formação "erudita"; conquista de prêmios e concursos em instituições internacionais.

É preciso ressaltar que a preparação do artista envolve ainda o desenvolvimento de disposições corporais e mentais capazes de dominar o risco intrínseco ao ato de tocar em público. O concerto implica a exposição pública do artista, uma situação adversa para as mulheres daquela época, que tinham pouca ou nenhuma chance de exercitar a exposição pública, restritas às salas de visitas de suas casas. Ainda que treinadas desde a infância para as apresentações públicas, nem sempre conseguiam se sentir "socialmente seguras", encontrando dificuldades para prosseguir na profissão. Antonietta Rudge é um exemplo: não gostava de se apresentar em público apesar de toda sua desenvoltura técnica e criativa e, talvez por isso, não tenha priorizado a carreira profissional em detrimento da família.

Fica claro que a associação do piano à educação das mulheres foi fundamental para que a carreira de concertista se tornasse um espaço de consagração para elas, pois quando a carreira conquistou *status* igual ou até superior ao do compositor no universo musical, as circunstâncias que

84 Dalila Vasconcellos de Carvalho

outrora as prejudicavam, as impeliram a postulantes à carreira de intérpretes-pianistas, em detrimento dos homens, cujo perfil múltiplo colocava o piano como um instrumento de trabalho que permitia a ascensão social no trânsito e no contato com pessoas de classes sociais elevadas. A carreira de intérprete-pianista tornou-se mais uma possibilidade aberta pela vida cosmopolita que, então, se formava no Rio de Janeiro e São Paulo, sobretudo para essa geração de mulheres que experimentavam uma transição de modelos de comportamento. Com a criação do curso de piano, o Instituto Nacional de Música transformou-se num espaço intermediário entre a casa e o palco, onde elas puderam vivenciar uma nova forma de sociabilidade, fazer suas redes de relações e trocas na construção de uma carreira profissional. Assim, várias mulheres reorientaram os papéis sociais para os quais foram educadas (de mãe e esposa). A falta de êxito na carreira de pianista não mais decretava a interrupção definitiva da profissionalização; o conteúdo musical obtido no piano deu condições para que estas mulheres (como Dinorá, Helza e Joanídia) se arriscassem em novas modalidades de atuação e inserção: a composição, a regência e a musicologia, opções preferencialmente masculinas.

A "prodigiosa" Joanídia Sodré

NESTE CAPÍTULO, PRETENDO ANALISAR AS MÚLTIPLAS imagens produzidas sobre Joanídia Sodré (1903-1975) em três momentos de sua longa e diversificada trajetória: "o surgimento" da vocação na infância; as disputas institucionais em que se envolveu como professora do Instituto Nacional de Música; o retorno ao Brasil marcado pelo início de sua carreira como maestrina e os seus dois primeiros mandatos como diretora da Escola Nacional de Música da UFRJ (antigo Instituto Nacional de Música) entre 1946-1954. Trata-se de construir o perfil da musicista a partir das diversas facetas projetadas e incorporadas por ela em diálogo com o contexto social em que viveu: "criança-prodígio", "moça estudiosa", "destemida", "regente principiante", "senhora de sua arte", "professora", "diretora", "ardilosa", "talentosa", "competente", "caprichosa" etc. As imagens dizem muito sobre a figura pública de Joanídia na medida em que são constituídas a partir do que seus pares veem, do que falam e pensam sobre ela, o que permite compreender assim as expectativas diversas sobre as ocupações femininas e masculinas implicadas na construção de uma vocação musical.

As fontes documentais aqui mobilizadas – principalmente os jornais, os processos judiciais e as fotos – descrevem nossa personagem em ação:

88   Dalila Vasconcellos de Carvalho

tocando o piano, regendo uma orquestra, dirigindo a escola, discutindo em uma reunião, respondendo às críticas etc.; são em práticas cotidianas como essas, ensina Vânia Carvalho (2008), que "o gênero do espaço, do objeto e do próprio corpo pode se estabelecer" (*idem*, p. 182). Meu interesse é compreender em que medida, ao construir uma carreira profissional, Joanídia torna-se uma figura ambígua por performatizar, no exercício de papéis considerados "masculinos", a incoerência de gênero entre o corpo, as ações (de tocar, reger, dirigir) e os objetos (piano, batuta, vestimenta).

É preciso dizer que há todo um conjunto de imagens que não serão tratadas neste trabalho. Ao iniciar a pesquisa no acervo de Joanídia depositado na Biblioteca Alberto Nepomuceno (cujo prédio atual foi inaugurado por ela em 1957), deparei-me com o seguinte fato: a produção de imagens sobre a maestrina não cessou com sua morte em 1975. Joanídia continua viva nos corredores da Escola de Música da UFRJ, instituição à qual esteve associada desde a juventude, primeiro como aluna de piano e composição; a partir de 1925, como professora e, mais tarde, como diretora entre 1946-1967, somando quarenta e dois anos dedicados à escola.

A simples menção ao seu nome faz surgir uma "má fama" que cerca sua figura, um conjunto de narrativas que reeditam fofocas e anedotas, por exemplo, sobre seu relacionamento amoroso com Carlos Anes, nas quais ele é retratado como "um homem muito bonito, mas sem nenhum talento musical" que se aproximou de Joanídia, "uma mulher horrorosa", interessado apenas em promover sua carreira de compositor. Outras narrativas, mais jocosas, dizem que o "espírito de Joanídia" ainda ronda a Escola de Música.

Seja como "bruxa" ou como "fantasma", o imaginário atual produzido sobre Joanídia não é relevante para o escopo da presente pesquisa. Contudo, é preciso dizer que ele tem efeitos sobre as práticas arquivísticas atuais: a organização com feições de provisoriedade e inacabamento e o acesso restrito dos documentos indicam que o acervo de Joanídia não é considerado uma fonte importante de saber sobre a própria Escola de Música. O que me fez compreender a reação ao meu projeto, seguida da seguinte pergunta: mas por que você escolheu estudar Joanídia? Como veremos ao longo deste capítulo, a trajetória de Joanídia não diz respeito

O gênero da música 89

somente à sua busca pessoal por uma carreira artística, mas constitui, sobretudo, um acesso privilegiado às disputas do universo carioca centradas na Escola de Música.

Podemos dizer, nos termos de Mariza Corrêa (2003), que Joanídia passou à história como "um personagem menor". A autora, ao estudar personagens femininas que ocuparam posições de poder no cenário acadêmico das primeiras décadas do século 20, deparou-se com fato semelhante. Suas personagens, Leolinda Daltro, Emília Snethlage e Heloísa Alberto Torres, passaram à história da antropologia como "figuras de corredor", lembradas não pelos trabalhos que desenvolveram ao longo de suas carreiras, mas pelas "histórias picantes". Como ela, entendemos que essas histórias ajudam "a explicar mais os personagens que as contam do que as personagens que as motiva." (*Op. cit.* p. 17).

Do ponto de vista institucional, Joanídia foi uma figura preeminente: foi a primeira mulher a se tornar diretora da escola de música e, mais tarde, a primeira reitora da universidade na década de 1960. A despeito da centralidade de sua posição institucional, a trajetória de Joanídia Sodré não foi objeto de análises ou biografias. É curioso que hoje ela seja lembrada pelas tais "histórias picantes" sobre sua vida pessoal quando, entre os documentos examinados, há poucos vestígios sobre a esfera íntima e/ou familiar da maestrina. Não encontramos nenhum documento autobiográfico, relatos ou lembranças; nem mesmos fotos de cenas íntimas ou cartas trocadas entre ela e Carlos Anes. O acervo de documentos se refere exclusivamente à sua vida profissional: recortes de jornais, fotos, processos judiciários, programas de concertos, cadernos de música, partituras, entre outros. É na fase como diretora que encontramos os poucos manuscritos e correspondências nos quais Joanídia aparece em primeira pessoa respondendo, solicitando, despachando, cobrando, organizando, negociando, recebendo pedidos de apoio etc.

Em meio a tantas fontes diversas, cabe destacar o único momento em que Joanídia revê sua trajetória, organizando o passado em razão do presente, isto é, do seu retorno ao Brasil como maestrina. Estamos nos referindo ao *Ligeiro Esboço Biográfico da Novel Regente Joanídia Sodré*, escrito por Ascendino Dantes e publicado em junho de 1930. Tudo indica que se trata de um trabalho encomendado pela própria Joanídia ou por

90   Dalila Vasconcellos de Carvalho

seus pais. Na época da publicação, Joanídia retornava ao Brasil depois de três anos de estudos na Alemanha, às vésperas de sua estreia como regente no Teatro Municipal do Rio de Janeiro. Embora o trabalho seja marcado pelo tom economiástico, ele é importante porque a imagem apresentada é, ao mesmo tempo, aquela que é projetada pelo biógrafo em razão do que ele acreditava ser condizente com a posição ocupada por ela naquele momento; e, por ser um trabalho encomendado por ela, é também a imagem que a própria Joanídia projetava de si enquanto artista.

De "criança prodígio" a "moça estudiosa"

Joanídia Sodré nasceu em 1903, na cidade de Porto Alegre, sendo filha única de João Sodré Filho e Leonídia Nunes Sodré; pai dentista[1] e mãe dona de casa. Quando a família se transferiu do sul do país para o estado do Rio de Janeiro, Joanídia era uma criança de cinco ou seis anos de idade. Primeiro, foram morar na cidade de Campos e, por volta de 1911, em Niterói, capital fluminense, situada próxima ao Rio de Janeiro, capital do país, pólo cultural que atraía artistas de todo o país, sobretudo os músicos interessados em estudar no prestigiado Instituto Nacional de Música, como vimos no capítulo anterior.

Com a família morando próximo à capital federal, João Sodré encontrou condições favoráveis tanto para se instalar e trabalhar no seu consultório dentário quanto para garantir os estudos regulares e musicais de Joanídia, realizados, respectivamente, em casa com professores particulares e no Instituto Nacional de Música. Joanídia teve todo o apoio dos pais para desenvolver sua vocação musical, assim como os intérpretes-pianistas tratados no primeiro capítulo. Seus progenitores tiveram grande participação no surgimento do seu interesse pela música: foi com sua mãe, Leonídia, que desde muito cedo aprendeu a tocar o piano.

---

1   Nesta época, a profissão de dentista é bem diferente da qual conhecemos hoje, sobretudo em termos de *status* social, pois este dividia o exercício da função com os barbeiros e sangradores. Para se diferenciar dos barbeiros, muitos dentistas usavam a sigla Dr. antes do nome (CARVALHO 2003, p. 110). Como veremos a seguir, o pai de Joanídia será tratado pelos jornais como Dr. Sodré.

O gênero da música   91

Ainda em Porto Alegre, em 1908, às vésperas de completar cinco anos de idade, João e Leonídia organizaram uma audição em sua casa à qual estava presente o jornalista da *Gazeta do Comércio*. Não sabemos ao certo se ele foi convidado ou se estavam presentes outros jornalistas, mas o fato é que a decisão dos pais de apresentá-la à imprensa em um concerto "íntimo" foi uma maneira de tornar pública a vocação musical de Joanídia, significando sua introdução no meio musical.

Como dissemos no capítulo anterior, a imprensa escrita era a principal forma de registro e divulgação de um evento artístico, ou seja, ter o nome nos jornais era a forma mais eficaz para tornar-se um artista conhecido e reconhecido antes do advento de outras mídias e da gravação. Desta forma, os jornais produziam em suas manchetes um imaginário rico e diverso sobre a figura do artista e das práticas musicais, no interior do qual se destaca a figura do "gênio", que será também projetada sobre Joanídia pelos jornais na ocasião de suas primeiras apresentações.

No trecho do relato do jornalista que assistiu à apresentação de Joanídia, abaixo transcrito (publicado no jornal *Gazeta do Comércio* de Porto Alegre, em 14 de dezembro de 1908), é possível observar, de forma clara, a articulação de certas ideias e noções recorrentes na imagem do "gênio":

> Tivemos ontem, o coração a transbordar do maior entusiasmo em face de *uma revelação* que constitui uma glória para o Rio Grande e para o Brasil. Trata-se de uma criança de cinco anos, apenas, de idade, filha do distinto moço dr. João Sodré Filho. Chama-se Joanídia Nunes Sodré, essa *figurinha* leve de balada que recém desponta para a vida, que é ainda *uma esperança em botão*, uma *pérola que ainda descansa na concha perfumada e inocente do berço pequenino*. Vimola ontem, *graciosa*, *delicada*, deixando *as mãozinhas brancas* resvalarem por sobre as teclas do piano, como se fossem *duas borboletas em carícias suaves sobre pétalas de lírios*. (...) E, vendo-a ali, junto ao piano, *com os cabelos crespos* e *loiros caídos* sobre os *ombrinhos*, vendo aquele vulto de criança arrancar notas e executar músicas inteiras, tínhamos a impressão de enxergar um *anjo* que houvesse descido do reino encantado das estrelas por um raio branco de luar. (...) Não possui, podemos afirmar, essa *indiferença que caracteriza os de sua idade quando se firmam na popularidade, arrastados nas asas*

92 Dalila Vasconcellos de Carvalho

robustas do gênio. Joanídia sente quando toca e faz sentir. Impressionase com a música e sabe imprimir doçura às peças que executa. É um gênio, mas um gênio que tem alma vibrátil, e que voa nas asas diáfanas da fantasia pelo país suavíssimo do sonho. [grifos meus][2]

Podemos dizer que o termo "gênio" é produzido por um arranjo de convenções acerca do feminino e do masculino, da infância e do talento/dom. O gênio é aquele que possui um dom inato e individual que pode ser revelado, mas que jamais pode ser aprendido. Por conseguinte, nascese gênio ou não. Não por acaso, a infância é o *locus* privilegiado para a manifestação desse "dom inato", afinal, como um criança de tão pouca idade poderia ter aprendido tal habilidade? A profusão de sentimentos despertada no crítico mostra a força destes argumentos.

A principal fonte de explicação para o surgimento de um "gênio" é a "natureza"; daí as diversas metáforas que situam a criança, o piano e o ato de tocar em sua esfera: Joanídia é como a concha que guarda o dom (pérola), as teclas são as pétalas de lírio e o tocar é como o vôo da borboleta. Em seguida, quando o crítico passa a descrevê-la ao piano, podemos observar que o corpo, o ato de tocar (ação) e o piano (objeto) são construídos em relação ao gênero, daí o uso dos adjetivos "delicada", "graciosa"; das metáforas das mãos como "borboletas", da tecla do piano como "pétalas de lírios" e do tocar como "carícias", todos se referindo a características, objetos e ações considerados femininos.

O relato do crítico sobre a apresentação de Joanídia mostra que a percepção do ato de tocar é indissociável da apreensão do corpo e do instrumento produzidos em conformidade com a expressão de um "feminino". Entretanto, se o corpo, a ação e o objeto são coerentes com a expressão do "feminino", a figura do gênio, ao contrário, parece não se conformar ao "feminino" e vice – versa, o que pode ser observado no esforço, um tanto confuso, de produzir "o gênio" no "feminino" em oposição ao "gênio" "masculino": Joanídia não é um gênio "indiferente de asas robustas", ela é "um gênio", porém diverso porque toca com "sentimentos" e "doçura", tem imaginação e sonha.

---

2   Fonte: Gazeta do Comércio. Porto Alegre, 14.12.1908. Biblioteca Alberto Nepomuceno. Escola de Música da Universidade Federal do Rio de Janeiro.

O gênero da música   93

A segunda apresentação de Joanídia aconteceu na cidade de Campos em 1909, em um evento beneficente organizado pelo jornal *O Tempo*, em favor do abolicionista Pedro Albertino Dias de Araújo. No trecho a seguir, vemos que Joanídia era uma criança como outra qualquer, alheia à complexidade dos acontecimentos à sua volta, mas que já compreendia o significado de tocar piano:

> (...) fomos procurar o seu ilustre pai e solicitamos dele que permitisse que sua filha tomasse parte no próximo festival de domingo em benefício do grande e velho abolicionista cego Pedro Albertino... (...) O Dr. Sodré, que é um cavalheiro amável e distintíssimo, de uma bondade rara, como se tratasse de uma bela festa de caridade, não hesitou um momento; e graças a ele e a sua exma. gentilíssima senhora, a festa de Pedro Albertino vai ter um concerto todo especial. *Joanídia não compreendeu e percebeu apenas que ia tocar em alguma parte.* [grifos meus][3]

A "festa de caridade" que se realizou em um domingo, no teatro Moulin Rouge, teve em seu programa a apresentação de palestras, monólogos, peças teatrais e música. Nas críticas sobre o evento publicadas nos jornais *A Capital*, *O Tempo*, *Gazeta do Povo*, destacaram-se os nomes dos três oradores, dos atores que apresentaram o monólogo, da "atriz cantora" Dolores Rentini, da "menina" Joanídia e da companhia de teatro "dos artistas Ismênia e Fróes", que representou "duas comédias". Examinei com mais atenção o programa da *matinée* porque ele exemplifica como as atividades artísticas e intelectuais estavam divididas entre homens e mulheres (aos homens, a palavra; às mulheres, a música), mostrando também que a apresentação pública de uma menina ao piano e de uma "atriz cantora" já faziam parte do cotidiano da época. Cabe ressaltar, ainda, que o teatro devia ser a única atividade artística que congrega homens e mulheres no seu exercício, como parece indicar o nome da companhia de teatro.

O fascínio do público pela figura do "gênio" aparece em todas as críticas, como no trecho publicado no jornal:

---

3   Fonte: *O tempo*. Campos, 23.06.1909, *ibidem*.

94   Dalila Vasconcellos de Carvalho

Era enorme a ansiedade de toda plateia ouvir aquela graciosa menina, de cinco anos apenas (...). E foi com o máximo interesse que todos acompanhavam-na nos seus menores movimentos. Todos os olhos estavam cravados na figura mignon da precoce artista; todos os ouvidos estavam atentos como se tratasse de alguma dessas notabilidades que chamam para si todas as atenções.[4]

Imagine qual não seria o tamanho da frustração da plateia, caso Joanídia não se apresentasse? E isto quase aconteceu, a menina adoeceu na véspera da apresentação; mesmo assim, Joanídia apresentou-se, mostrando que suas apresentações ao piano não eram tratadas pelos pais como uma brincadeira, ao contrário, já implicavam a noção de compromisso e "sacrifício":

A menina Joanídia deslumbrou o auditório, que ficou pasmo diante da grande aptidão musical revelada em uma criança de cinco anos. Por um compromisso com o público, nós fomos arrancá-la do leito, Joanídia, a meiga, a pequenina, a divina Joanídia achava-se doente e com febre. O público a aplaudiu freneticamente, mas ninguém compreendeu o sacrifício daquela criança, que é a mais bela e a mais adorável de todas as crianças.[5]

Ainda no mesmo ano de 1909, no mês de outubro, Joanídia apresentou-se pela primeira vez na cidade do Rio de Janeiro, no sarau da poetisa Júlia César, que apresentou uma palestra curiosamente intitulada "O homem julgado pela mulher", realizado no Salão Nobre dos Empregados do Comércio do Rio de Janeiro. O evento foi amplamente noticiado pelos jornais da capital: *Correio da Manhã, Jornal do Comércio, O Paiz, Gazeta da Tarde, Gazeta de Notícias, Correio da Noite, A Tribuna*, e pelo jornal *Gazeta do Povo*, de Campos.

---

4   Fonte: Recorte de jornal sem título e data, *ibidem.*

5   Fonte: *O Tempo*. Campos, 28.06.1909, *ibidem.*

O gênero da música 95

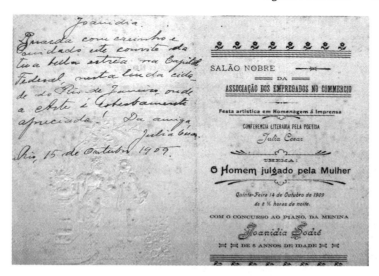

1. Convite da primeira apresentação de Joanídia Sodré no Rio de Janeiro, dado a ela por Júlia Cesar.

É interessante observar que o jornal *O Paiz*, ao anunciar a "audição" da "criança-prodígio", conta a história de Joanídia, reproduzindo a crítica publicada em 1908 pelo jornal *Gazeta do Comércio* de Porto Alegre. Não parece exagerado afirmar que aquela primeira imagem do "gênio" é retomada e reproduzida pela crítica do Rio de Janeiro, e que antes mesmo da apresentação, Joanídia é tratada pelos jornais como uma "revelação", "criança-prodígio" e "virtuose precoce", para citar apenas os termos mais usados. Como apontamos no começo, "as revelações prodigiosas fazem-se cedo", daí a ênfase do crítico do *Jornal do Brasil* à idade de Joanídia, aspecto que a colocaria ao lado de outras "revelações prodigiosas" como Mozart, Pico della Mirandola e Mieczysław Horszowski; tratados como um "fenômeno" da natureza, surgem como "cardumes":

> Tem cinco anos de idade. Este fenômeno nasceu em Porto Alegre. Há dois anos, isto é, com *três anos* apenas, já se exibia na cidade de Campos e alcançava sucesso. Chamamos-lhes *fenômeno*, e, contudo, não é mais uma espantosa raridade. *As revelações prodigiosas fazem-se cedo*. Já não se pode admirar mais o caso da precocidade de

96   Dalila Vasconcellos de Carvalho

Mozart tocando piano *aos nove anos* de idade, nem o de Pico della Mirandola, poliglota e conhecedor dos priscos idiomas obscuros.

Hoje, aos dois, *aos três, aos quatro anos já vem à tona os prodígios*, Mieczysław Horszowski interpretava fantasias e valsas de Gluck, de Schubert, de Chopin, de Bach, de Paganini, quando mal ensaiava ficar de pé. O Brasil está dando *um cardume*: um cardume luminoso, especialmente o sul. *[grifos meus]*[6]

É interessante analisar a apresentação de três exemplos masculinos de "gênio": um na esfera intelectual, o filósofo renascentista Giovanni Pico della Mirandola, e os outros dois na esfera musical, o compositor austríaco Wolfgang Amadeus Mozart (1756-1791) e o intérprete – pianista polonês Mieczysław Horszowski (1892-1993). Dentre eles, segundo Elias (1995), Mozart é considerado até hoje "o prodígio *par excellence*" em razão da infância "muito especial" que teve "sob a instrução do pai". Aos quatro anos, era capaz de aprender a tocar peças muito complexas; em pouco tempo, aos cinco anos já compunha e, antes de completar seis, o pai o levou, juntamente com as irmãs, para a primeira *tournée* de concertos em Munique, onde se apresentou para o príncipe-eleitor Maximilian III. "Mozart era admirado e louvado em todos os lugares por seu extraordinário talento musical" *(idem* p. 67), mas à medida que envelhece, "sua fama ia se esvaindo" *(ibidem* p. 69).

A precocidade, isto é, a "revelação" na mais tenra idade de um talento torna-se uma marca do "gênio", um bem simbólico de suma importância para os músicos na construção *a posteriori* de suas biografias. O destaque dado pelos jornais à idade, à descrição das habilidades apresentadas tais como a execução de peças complexas e à capacidade de memorização, são recorrentes no caso de Joanídia, e em toda a geração de músicos a que pertence, sobretudo entre os intérpretes-pianistas analisados no primeiro capítulo:

> Não podia ser mais brilhante sua apresentação. Possuidora de uma memória prodigiosa para a sua idade, e de uma técnica bastante aproveitável, a galante menina executou de cor, com admirável

---

6   Fonte: *Jornal do Brasil*. Rio de Janeiro, 14.10.1909, *ibidem*.

O gênero da música   97

serenidade, vários trechos de óperas conhecidas, como *O Guarani* e *Lúcia di Lammermoor*, e também a *Marcha* de Schubert. Incontestavelmente, ela é uma grande revelação musical, pois é notável a sua intuição artística.[7]

É nesse sentido que devemos compreender a publicação, em 1910, de duas peças musicais compostas por Joanídia Sodré intituladas, respectivamente, *Rosa, amor e botão* e *Paz e amor*, ambas escritas com a ajuda do professor Domingos de Sá. Mais uma vez, João Sodré não somente arcou com as despesas da edição das partituras como se encarregou de enviar os exemplares aos jornais e lojas de música. No trecho abaixo, publicado no jornal *Gazeta do Povo* de Campos, fica evidente que a peça em si não possui nenhum valor musical. Entretanto, quando atribuída a uma "criança-prodígio", é investida de sentidos e significados que lhe dão importância, pois traduzem a "revelação" de um "talento":

> O dr. J. Sodré Filho, sempre cativante e sempre bom, teve a gentileza de enviar-me a Rosa Amor e Botão, valsa composta pela galante Joanídia, sua filhinha e seu encanto. (...) Ao receber a música levei-a ao pianista da casa, fi-lo executar sem saber de quem era e colhi sua opinião alheia e desinteressada, posto que a minha era a melhor possível e já parcial.

> - Fraquinha, disse-me. Mas ninguém pode se envergonhar de assiná-la.

> Voltei então a página. Lendo *os cinco anos* de Joanídia e o quanto tem ela feito, o meu pianista achou que a valsa é excelente, que não pode ser melhor, que é *uma verdadeira revelação* e que Joanídia é um verdadeiro portento. *[grifos meus]*[8]

Outro ponto frequentemente destacado pelas críticas é a desenvoltura com que Joanídia se apresenta ao piano, comparável à dos "grandes pianistas"; "calma e serena", comportou-se como uma "virtuose acostumada

---

7 Fonte: *O Paiz*. Rio de Janeiro, 15.10.1909, *ibidem*

8 Fonte: *Gazeta do Povo*. Campos, 18.02.1910, *ibidem*.

98   Dalila Vasconcellos de Carvalho

à presença do público", tocou como "qualquer aluna de conservatório", agindo "como deve ser o artista que só se ocupa da sua arte." Em outras palavras, Joanídia imitava a "pose de artista". Na matéria do jornal *Gazeta de Notícias*, podemos observar que a descrição dos gestos e da postura corporal de Joanídia, um ano depois de sua primeira apresentação, aponta para um aprendizado corporal, para a inscrição no corpo do que é ser um pianista. Sua performance de pianista mobiliza simultaneamente significados de gênero e do gênio:

> Joanídia Sodré alcançou sucesso exibindo sua *delicada arte*. Joanídia somente percorreu as suas pequeninas mãos por sobre o teclado e pasmou de comoção o auditório. Foi um momento de expectativa dolorosa quando *a mignone virtuose* apareceu, porém, *a calma* com que se apresentou *impôs imediatamente a admiração geral*. Joanídia Sodré *executou com segurança* os trechos do seu repertório. *Nem a pose dos grandes pianistas* lhe faltou. A *mise-en-scène* foi completa, como completo foi o seu sucesso. *[grifos meus]*[9]

A análise dos jornais permite afirmar que, primeiro, o aparecimento precoce de uma vocação musical está relacionado a um ambiente familiar que estimula, acolhe e encaminha para o reconhecimento público, possibilitando a construção de uma carreira. Nestas primeiras apresentações, Joanídia tocou o repertório ensinado pela sua mãe, inclusive tocando juntas, a quatro mãos, a *Marcha Militar* de Franz Schubert (1797-1828). Vale observar que o repertório composto, principalmente por trechos de ópera, do italiano Gaetano Donizetti (1797-1848) e do compositor brasileiro Carlos Gomes, remete a uma prática "amadora", do piano da sala de visitas, justamente por refletir mais o gosto pela ópera do que pela prática do piano de concerto, cujo repertório é formado pelas obras de compositores consideradas fundamentais para o desenvolvimento das especificidades técnicas e expressivas do instrumento, tais como Chopin, Mendelssohn, Schumann, Beethoven, Clementi, Mozart, Haydn, Liszt, entre outros.[10]

---

9   Fonte: *Gazeta de Notícias*. Rio de Janeiro, 15.10.1909, *ibidem*.

10 Estes são os compositores mais encontrados no Programa de piano de 1912 do Instituto Nacional de Música, ou seja, no repertório musical programado para

O gênero da música 99

Não há dúvida de que os pais de Joanídia levavam a sério sua vocação musical, de modo que logo a encaminharam para um professor renomado que lhe fornecesse uma formação específica para o instrumento e, assim, que lhe abrisse as portas do meio profissional, algo que a mãe, "amadora", não poderia fazer. Nos próximos anos de sua vida, Joanídia dedicou-se aos estudos musicais, em torno dos 10 e 12 anos; ingressou no INM como aluna de piano do então diretor e professor da instituição, o celebrado compositor Alberto Nepomuceno. Joanídia foi aluna do mestre até sua morte em 1920, quando sua classe foi assumida pelo professor João Nunes. Formou-se em piano em 1921, mas permaneceu na escola em razão do curso de composição, cujo diploma obteve em 1924. Segundo Dantas (1930), Joanídia tinha um carinho especial por Nepomuceno, a ele atribuía um papel de destaque em sua formação musical. Ao longo de sua carreira, cultivou o hábito de incluir a obra do compositor nos programas de concerto que tocou e regeu.

A foto a seguir ilustra a relação assimétrica e próxima entre o professor e aluna: Nepomuceno de cabelos desalinhados e de barba está sentado de modo relaxado, com os braços apoiados na cadeira. Situado em diagonal ao piano e à aluna, seus olhos acompanham atentamente a partitura executada por Joanídia. Em contraposição, Joanídia apresenta uma postura rígida e estática; pés e braços alinhados de modo simétrico. Apenas as mãos movimentam-se sobre o piano, as costas permanecendo afastadas do encosto da cadeira. Um dos pés está apoiado no chão enquanto o outro aciona, com a ponta, o pedal. Com os olhos fixos na partitura, Joanídia mostra-se absolutamente concentrada na execução, postura de aluna disciplinada e estudiosa.

---

o estudo do piano do primeiro até nono ano de curso; impresso na capa e na contracapa dos cadernos de estudos de música de Joanídia Sodré.

2. Joanídia em aula na residência do professor Alberto Nepomuceno.

Entre 13 e 21 anos, Joanídia formou-se em diversos cursos que lhe deram ampla formação musical: teoria e teclado em março de 1916; harmonia em dezembro de 1918; contraponto em dezembro de 1920; piano em março de 1921; fuga em dezembro 1921; instrumentação e composição em junho de 1924.[11]

Segundo Dantas (1930), em 1922, antes de sair de férias com a família para Porto Alegre, Joanídia organizou um recital de piano, realizado em uma das salas do Teatro Lírico do Rio de Janeiro, convidando toda a imprensa carioca. Executou obras de Chopin, Beethoven, Liszt pertencentes ao programa do sétimo e do nono ano do curso de piano do INM[12] (exceto o *Noturno* de Alberto Nepomuceno), revelando a escolha pessoal da pianista. De todas as matérias publicadas, Dantas escolhe reproduzir

---

11 Fonte: Apelação Cível contra União Federal. Rio de Janeiro, 1934, *ibidem*.

12 Fonte: Caderno de Música de Joanídia Sodré. "Aula de Contraponto", 1920, *ibidem*.

O gênero da música   101

a avaliação feita pelo crítico, segundo ele, de maior prestígio, cujo nome não é citado, mas acreditamos tratar-se de João Nunes (1877-1951).[13]

João Nunes retoma a imagem de "criança-prodígio" para mostrar que Joanídia não é mais aquela criança "viva, expansiva de uma infantilidade alegre"; ela tornou-se uma "moça estudiosa e contemplativa", devotada a aprender "os segredos" da música, que é "a arte dos sonhos". O interesse incomum de Joanídia pela composição, um ofício masculino, é entendido nos termos de uma relação amorosa, fundada nos sentimentos (paixão e amor). Para o crítico, a composição é a mais elevada das atividades musicais, sendo completo o artista que domina a criação:

> Ouvindo-a ainda *criancinha prodígio, aos cinco anos de idade*, quando *maravilhava os circunstantes* com *o despertar* de suas aptidões e de suas habilidades, era viva, expansiva, de uma infantilidade alegre. Passaram-se alguns anos e *a menina se fizera moça, estudiosa e contemplativa*. As habilidades pianísticas tomaram outra feição, *o amor da arte dos sonhos absorveu-lhe quase todos os pendores e o seu espírito mergulhou fundo nesse oceano de belezas que é a música. Nem só o piano lhe mereceu os carinhos de um estudo apaixonado e profundo; ela quis conhecer todos os segredos da mais bela das artes*, que é a arte do ideal intangível que move todos os corações, e dedicou-se aos cursos que se concatenam para a decifração dos mistérios musicais. (...) Agora vai ela chegar ao mais *alto altar do templo e penetrar no sacrário da composição; a artista estará completa tendo percorrido todos os domínios da arte dos sons, habilitada para criação, que deve ser o seu maior escopo. [grifos meus]*[14]

---

13   Compositor e pianista nascido no Maranhão, foi aluno de piano do INM, diplomando-se com medalha de ouro. Ganhou bolsa de estudos do seu estado natal para estudar na Europa. Foi professor do INM e crítico musical de três jornais cariocas: *O Globo, O Jornal* e *Diário Carioca* (Cacciatore, 2005, p. 319).

14   Fonte: Dantas, Luiz Ascendino. *Ligeiro Esboço Biográfico da Novel Regente: Homenagem ao Instituto Nacional de Música*. Rio de Janeiro, 1930 p. 15-17, ibidem.

102 Dalila Vasconcellos de Carvalho

Vemos, assim, que a imagem de "criança-prodígio" acompanhou Joanídia durante a infância, mas à medida que envelhece, a imagem de "moça estudiosa" se impõe, sem que a primeira seja desvalorizada ou esquecida. Se, por um lado, a trajetória musical da infância à juventude parece comum a muitas outras senhoritas – afinal aprender a tocar o piano e, mais tarde, estudá-lo no Instituto Nacional de Música era o caminho trilhado por muitas moças –; de outro, na análise das imagens projetadas ("a menina ao piano", "a moça estudiosa") fica claro que a figura de Joanídia mobilizava significados normativos acerca do gênero, ao mesmo tempo em que desorganizava estas mesmas convenções ao apresentar-se como "gênio" e ao fazer o curso de composição no INM.

Em 1925, aos 22 anos, Joanídia foi nomeada professora catedrática de Teoria e Solfejo do Instituto Nacional de Música, somando-se às poucas professoras do quadro docente da instituição. Analisando os dados do quadro docentes de 1922 apresentados por Paola e Bueno (1998), observa-se que do total de 40 docentes, apenas 11 são mulheres. Estas mulheres estão lecionando nas cadeiras de piano, solfejo, canto e violino. A única cadeira em que o número de mulheres é maior é a de canto: três professoras e dois professores. Na cadeira de solfejo, por sua vez, são quatro professoras e quatro professores.[15] É preciso ressaltar três aspectos, primeiro, a cadeira de composição, atividade considerada no topo da hierarquia das atividades musicais, foi sempre ocupada por professores; segundo, até o piano, considerado um instrumento feminino, era ensinado predominantemente por professores, sendo o canto a única exceção; e terceiro, as professoras eram responsáveis pelo ensino das noções teóricas elementares, daí a cadeira de solfejo ser a de menor prestígio, enquanto os professores ocupavam as cadeiras mais valorizadas- o ensino da composição (o estudo teórico avançado das técnicas e regras da criação musical) e da prática dos instrumentos. É preciso ressaltar que a cadeira de regência ainda não havia sido criada (*idem*, p. 59).

Se a nomeação de Joanídia não é uma exceção, já que havia outras mulheres lecionando no Instituto, ela fez parte de um grupo seleto de

---

15 Na cadeira de piano são seis professores para duas professoras; na cadeira de violino, são três professores e apenas uma professora, Paulina D'Ambrosio.

alunas que se tornaram professoras no INM, cujo prestígio contaminava seus professores e, principalmente, oferecia certa estabilidade financeira em um universo onde renome e ganhos materiais estão quase sempre dissociados. Além disso, como professora do INM, Joanídia teve acesso a outras oportunidades que ela não desperdiçou, o que demonstra que suas expectativas em relação à carreira iam além do cargo que acabara de conquistar; Joanídia queria ser mais do que uma professora, como veremos a seguir.

O concurso de 1927: *Début* de Joanídia Sodré

Em 1927, o Instituto Nacional de Música realizou um concurso de composição, cujo prêmio era um curso de aperfeiçoamento na Europa. O edital publicado no Diário Oficial dizia:

Instituto Nacional de Música concurso para pensionistas

(...) estará aberta na secretaria deste instituto, pelo prazo de trinta dias, a contar de 19 do corrente, a inscrição ao concurso para prêmio de viagem ao estrangeiro, para os discípulos do estabelecimento diplomados no concurso de composição.

Para ser admitido ao concurso, provará o candidato:

1º) Ser brasileiro nato e ter, no máximo, 30 anos de idade;

2º) Ser diplomado no referido curso. Nos termos do art. 248, do regulamento, e 42, do regimento interno, o candidato demonstrará ter conhecimentos gerais das línguas francesa e italiana, observando-se na parte musical o seguinte programa: Composição de uma cantata para solo e coro com acompanhamento de orquestra, sendo o texto de escolha do concorrente, mas sujeito à aprovação da comissão julgadora. A composição será executada sob a direção do concorrente ou de um regente à sua escolha.[16]

---

16 Fonte: Brasil. Diário Oficial. Rio de Janeiro, 18.05.1927. Biblioteca Alberto Nepomuceno. Escola de Música da Universidade Federal do Rio de Janeiro.

104 Dalila Vasconcellos de Carvalho

O edital revela, ao mesmo tempo, o perfil social do compositor alme-
jado e o dos alunos do INM, já que o concurso é dirigido aos "discípulos",
isto é, aos compositores por eles formados. Fica claro dessa forma que o
concurso não contemplava todo e qualquer compositor, mas apenas os
que tinham um diploma e uma boa educação, capazes, por exemplo, de
dominar uma língua estrangeira (o que já eliminava muitos candidatos
de "talento", mas de origem humilde, sem condições de ter acesso a esses
bens culturais), de modo que estudar música no INM e dominar outro
idioma eram bens simbólicos acessíveis a poucos.

Joanídia, que seguia sua carreira como professora, decidiu participar
da competição. Se a condição de professora do INM, por si só, já a colocava em uma posição privilegiada em relação aos demais concorrentes, é
preciso dizer que, desde sua formatura no curso de composição em 1924,
não se destacava como compositora, fato comprovado pela inexistência de
obras neste período.

Das inscrições à divulgação do ganhador, o concurso foi cercado por
celeumas de grande repercussão que ocuparam as páginas dos principais jornais da cidade. O primeiro fato envolveu o compositor Antônio
Assis Republicano (1897-1960) – negro, conterrâneo e colega de turma
de Joanídia Sodré (ambos alunos da turma de composição de Francisco
Braga e diplomados em 1924). Assis Republicano era um compositor conhecido no Rio de Janeiro; em 1925, sua ópera O *Bandeirante* foi encenada no Teatro Municipal da cidade na fase áurea das temporadas de
ópera;[17] em 1926, regeu um concerto de obras suas no Teatro Lírico.[18]

Joanídia e Assis Republicano foram os únicos inscritos na competição que se tornou manchete de jornais quando foi descoberto que
Republicano tinha mais de 30 anos e havia falsificado sua certidão de

---

17   Entre 1913 e 1926, na gestão do empresário Walter Mocchi, as temporadas de
     ópera foram patrocinadas pela Prefeitura do Rio de Janeiro (AZEVEDO, 1950, p.
     210-211).

18   Assis Republicano diplomou-se em fagote no INM em 1920, obtendo medalha
     de ouro. Em 1921, seu poema sinfônico intitulado *Ubirajara* foi executado
     pela Sociedade de Concertos Sinfônicos. Em 1930, foi nomeado professor de
     contraponto e fuga no Conservatório Mineiro de Música de Belo Horizonte.
     Mais tarde, tornou-se professor do INM (CACCIATORE 2005, p. 32-33).

O gênero da música   105

nascimento para tomar parte no concurso. A justiça interveio, impedindo a participação do compositor. Tal decisão acabou beneficiando Joanídia, que concorreu sozinha ao prêmio. Em consequência, houve divergências entre os professores do INM, pois muitos não concordaram com a decisão judicial que afastou Assis Republicano da disputa, por entenderem que Joanídia, na condição de professora da instituição, tampouco poderia participar da mesma. Alguns professores, tais como Luiz Amábile, recusaram -se a participar do júri. Sua carta de recusa foi publicada no jornal *A Noite* em 5 de setembro de 1927:

> Parece, à primeira vista, que a intenção do legislador fora criar prêmios tão somente para os discípulos diplomados no Instituto. Puro engano. O Art. 247 reza: Não poderão inscrever-se professores conjuntamente com alunos. É este o lado antipático da lei que faculta ao professor, forte, afastar o aluno fraco e humilde, embora este se chame Assis Republicano e a sua bagagem musical já se imponha à admiração dos mestres que o apontam como uma glória atual da geração brasileira. (…)
>
> A solução do governo, afastando por uma questão de somenos importância, um candidato de valor de Assis Republicano, para amparar uma professora catedrática, a quem, aliás, estimo, considero e admiro, tornou-se antipática.[19]

As palavras do professor Amábile ressaltam, de um lado, a incoerência na aplicação do regulamento beneficiando Joanídia, que, por ser professora do INM, não poderia participar do concurso; de outro, as qualidades musicais de Assis Republicano já reconhecidas pelos seus pares, os "mestres", mostrando que ele tinha condições de vencer a disputa.

Apesar de todos esses incidentes, Joanídia fez as provas previstas pelo edital em outubro. Em seguida, outro problema a levou a recorrer à justiça. Segundo o regulamento, a prova escrita deveria ser mantida em sigilo até que o júri, conjuntamente, viesse a julgá-la. Contudo, antes que o júri

---

19   Fonte: Amábile, Luiz. "As questões que agitam o Instituto Nacional de Música – Um concurso que não se realiza por falta de comissão julgadora." *A Noite*, Rio de Janeiro, 05.09.1927, *ibidem*.

106   Dalila Vasconcellos de Carvalho

se reunisse, dois professores tiveram acesso à prova e divulgaram o voto desfavorável sem esperar o resultado oficial.[20]

Mais uma vez, amparada pela justiça, Joanídia leu sua refutação ao voto destes dois jurados, Giovanni Giannetti e Fernand Jouteux, perante o comitê julgador do concurso de Composição para o Prêmio de Viagem ao Estrangeiro do Instituto Nacional de Música, em 19 de dezembro de 1927. Ao longo da carta, rebateu o argumento dos dois jurados, usando terminologia técnica especializada que demonstrava seus conhecimentos musicais. Refutou, de saída, a acusação de ser uma principiante, afastando-se da pecha de "amadora" e provando sua competência por meio do diploma do curso de composição, obtido em 1924:

> Relativamente ao voto do maestro Giannetti, passo a analisá-lo:
>
> Diz no início: O trabalho apresentado pela senhorita Joanídia Sodré no concurso para prêmio de viagem à Europa e destinado a um primeiro exame foge a qualquer análise técnica demonstrando, à primeira vista, uma deficiente posse de conhecimentos fundamentais de harmonia, contraponto e composição em virtude da qual uma obra orgânica e obediente às leis técnicas e estéticas desaparece.
>
> Enganou-se o Sr. Giannetti, não é este o primeiro exame de composição que presto, pois já fiz em prova prestada por ocasião de meu exame final de instrumentação e composição em 1924, perante banca examinadora composta de competentes mestres e professores deste estabelecimento, da qual obtive aprovação unânime, o que depõe contrariamente à sua primeira alegação.[21]

Afastados os dois jurados, uma nova comissão julgadora foi constituída e formada pelos seguintes professores: Henrique Oswald (1852-1931), professor de piano, e Agnello França (1875-1964), professor de harmonia (ambos antigos professores de Joanídia). Os demais: Joaquim Antonio Barroso Neto (1881-1941), professor de piano; José de Lima Coutinho

---

20   Fonte: Petição: Joanídia solicitando ao Ministro da justiça o direito de se defender. Rio de Janeiro, 24.10.1927, *ibidem*.

21   Fonte: *idem*.

O gênero da música   107

(1862-1946) e José Raymundo da Silva (?-?), professores de solfejo e, por fim, Agostinho Luiz Gouvêa (?-1941), professor de fagote.

Por cinco votos contra um, eles concederam o prêmio a Joanídia Sodré pela composição da ópera intitulada *Casa forte*, com texto do escritor Goulart de Andrade (1881-1936).[22]

A polêmica em torno do concurso de composição, envolvendo personagens como a justiça, os professores do INM e os jornais, marca a entrada de Joanídia no campo da música erudita carioca. Trata-se da primeira disputa na qual se envolveu; nela, podemos observar pela primeira vez a personalidade de Joanídia, demonstrando condições psicológicas adequadas para arriscar-se em provas e sua capacidade de manejar, a seu favor, recursos como a justiça, a imprensa e seu pertencimento à instituição, para enfrentar publicamente seus opositores e vencer a disputa. Mostrava-se, desse modo, uma hábil jogadora.

Para entender as razões que levaram Joanídia a participar deste concurso é preciso observar que, primeiro, do ponto de vista dos ganhos materiais, o cargo de professora catedrática do INM lhe garantia uma estabilidade financeira, bem incomum entre os musicistas em geral e, sobretudo, entre as mulheres de sua geração. Do ponto de vista do prestígio, do seu início precoce no piano à sua formação como pianista e compositora no INM, não se seguiu uma carreira aos moldes dos intérpretes-pianistas nem dos compositores, conforme vimos no primeiro capítulo. Assim, não parece exagerado afirmar que suas atividades como pianista e compositora se desenrolaram como uma resposta às demandas de sua formação no INM, e não em função exclusivamente de um projeto artístico e autoral. Prova disso, é a sua produção composicional reduzida e pontual. Além de *Casa Forte*, compôs *A cheia do Paraíba*, em 1924, para concluir o curso de composição e algumas peças de câmara no período em que esteve na Alemanha, mencionadas por Dantas (1930), às quais, infelizmente, não podemos confirmar a existência.

---

22   Foi um jornalista, poeta e escritor, membro da Academia Brasileira de Letras. Pertenceu ao grupo de poetas boêmios tais como: Olavo Bilac, Guimarães Passos, entre outros.

108   Dalila Vasconcellos de Carvalho

As evidências indicam que Joanídia não havia se realizado como artista, ainda lhe faltava o renome. Afinal, a conquista de um prêmio como este oferece dois bens simbólicos: primeiro, o renome ao compositor vencedor, fundamental para consolidar a carreira; segundo, a oportunidade de estudar na Europa, distinção capaz de alçar o músico a uma posição de maior prestígio nas disputas no meio musical no Brasil. Joanídia queria ganhar o prêmio, mas para ela, o bem simbólico em disputa não era o reconhecimento como compositora, mas a oportunidade de construir uma carreira artística e ser incluída nas disputas do campo musical no seu retorno ao Brasil.

É a partir deste concurso que as imagens projetadas sobre ela passam a expressar a tensão das relações em jogo. Ascendino Dantas fez uma avaliação *a posteriori* do episódio no Esboço Biográfico publicado em 1930, na qual deixa entrever a imagem controversa projetada sobre Joanídia por seus pares, divididos entre críticos severos e admiradores. É curioso notar que o autor narra o acontecimento como se o concorrente, Assis Republicano, tivesse sido favorecido, e não ela. Para isso, lança a imagem da artista competente não mais amparada no "talento" (como destacado no período da infância), mas na formação, nos diplomas e em sua inteligência:

> Tão grande é já o interesse, que nos nossos meios artísticos vai despertando as coisas do ensino musical nesta capital, que *um dos mais ruidosos concursos* ali realizados em 1927, impressionou até os mais indiferentes. Referimo-nos *ao concurso de composição*, uma das mais interessantes pugnas artísticas de que há memória nos anais daquela casa de ensino harmônico. (...) O que foi esse acontecimento musical, *narrou-o a imprensa desta capital* naquela época, com os episódios mais interessantes, registrados em negrito. Joanídia Sodré apresentou-se aliás, *com valiosas credenciais*, tais eram suas *notas* e *diplomas* das várias séries em que se formara: *passando então pelas mais rudes provas e exigências burocráticas, de que foi mister, para livrá-la da eiva de proteção, com que outros concorrentes se apresentaram.* Das provas, saiu-se galhardamente vitoriosa, *vencendo* pela sua completa *ilustração musical* e *luminosa inteligência artística. Criticada severamente* por inveja, por uns, mas extraordinariamente

admirada por outros, pela sua modéstia, pela sua vasta cultura e seu grande gênio musical. *[grifos meus][23]*

A compositora partiu para Alemanha em 28 de junho de 1928 e ficou hospedada na casa de uma família judia que apreciava música e que criava um ambiente propício para os seus estudos.[24] Joanídia fez curso de harmonia, contraponto, fuga, instrumentação e composição como professora hóspede da Staatliche Akademische Hochschule für Musik, atualmente Universidade das Artes de Berlim. Fez também curso de regência, prática de direção sinfônica e de ópera com o compositor e maestro polonês Ignatz Waghalter (1881-1949) na hoje denominada Deutsche Oper de Berlim (Casa de Ópera de Berlim).

A viagem para a Alemanha possibilitou uma nova perspectiva para Joanídia, na medida em que, em Berlim, ela pode obter uma formação específica para a regência (curso até então inexistente no Instituto Nacional de Música) e também dirigir pela primeira vez uma orquestra sinfônica. Encerrando suas atividades na Alemanha em 27 de março de 1930, Joanídia regeu a Orquestra Filarmônica de Bonn, que executou peças dos compositores alemães Ludwig van Beethoven (1770-1827) e Carl Maria von Weber (1786-1826), do francês Georges Bizet (1838-1875) e do finlandês Jean Sibelius (1865-1957).[25] No mesmo ano, a regente retornou ao Brasil (três anos antes do nazismo chegar ao poder). A seguir, apresento o guia de concertos de Berlim, onde há o programa acompanhado de uma fotografia de Joanídia aos vinte e seis anos:

---

23 Fonte: Dantas, Luiz Acendino. *Ligeiro Esboço Biográfico da Novel Regente: Homenagem ao Instituto Nacional de Música*. Rio de Janeiro, 1930, *ibidem*.

24 Esta informação foi concedida por: Nirenberg, Jacques. Entrevista concedida a Dalila Vasconcellos de Carvalho. Rio de Janeiro, 20.11.2009.

25 Fonte: Programa de Concerto regido por Joanídia Sodré na Alemanha, 27.03.1930. Biblioteca Alberto Nepomuceno. Escola de Música da Universidade Federal do Rio de Janeiro.

3. Anúncio do concerto regido por Joanídia na Alemanha.

Joanídia é fotografada de pé. Apesar de portar saia e sapato de salto, peças da indumentária feminina, seu corpo está em grande parte coberto por um casaco, peça da indumentária masculina. Destacam-se na foto uma de suas mãos, apoiada sobre o móvel, e o seu rosto: o queixo erguido e o olhar fixo, sem voltar-se diretamente para as lentes, revelando a imagem ambígua (masculina e feminina) de uma figura altiva que se expõe ao olhar de outrem.

A batuta da professora maestrina

Joanídia fez sua estreia como regente no Brasil, em 17 de julho de 1930, no Teatro Municipal do Rio de Janeiro, regendo o mesmo programa de concerto apresentado na Alemanha. O concerto foi amplamente noticiado pela imprensa carioca e fluminense, *Jornal do Brasil, Correio da Manhã, Diário de Notícias, Diário da Noite, O Globo* e *O Correio Fluminense*. Analisando a repercussão do concerto nos jornais, o primeiro aspecto a ser observado é o quão excepcional era uma mulher reger uma orquestra sinfônica no Teatro Municipal do Rio de Janeiro. Tanto que nas críticas que se seguiram ao concerto, alguns críticos se declaram

O gênero da música 111

"surpreendidos" pela atuação de Joanídia e pelo público numeroso, formado inclusive por pessoas importantes:

> O grande teatro da avenida Rio Branco logrou uma concorrência pouco comum, estando ali representado todo o mundo artístico desta e da cidade vizinha, homens de letras, políticos, muitas senhoras e senhoritas, o que bem atesta o interesse causado pela demonstração da grande e jovem artista.[26]
>
> O Concerto Sinfônico de ontem à tarde, no Municipal, constituiu, sem nenhum exagero, um autêntico sucesso artístico. Contra todas as previsões, havia uma boa casa e o ambiente era o melhor possível para a estreia da sra. Joanídia Sodré, a primeira mulher no Brasil a reger uma orquestra.[27]

A princípio, poderíamos ser levados a atribuir o ceticismo dos críticos unicamente ao fato de ser uma mulher a reger uma orquestra; contudo, uma análise das circunstâncias da prática da regência e das orquestras na década de 1930 nos faz compreender as razões do lugar inusitado ocupado por ela e também as imagens contraditórias projetadas sobre a maestrina.

Em 1930, existiam apenas duas orquestras sinfônicas em atividade na cidade do Rio de Janeiro: a Orquestra Sinfônica da Sociedade de Concertos Sinfônicos e a Orquestra do Instituto Nacional de Música. A orquestra mantida pela Sociedade de Concertos Sinfônicos foi o mais importante conjunto sinfônico deste período, sendo a única a existir por mais de vinte e dois anos.[28] Criada em 1912 por Francisco Nunes (1875-1934),[29] regente e professor de clarinete do INM, foi dirigida pelo maestro Francisco Braga até sua extinção em 1934, quando deixou de ser subsidiada pela

---

26 Fonte: O *Fluminense*, Niterói, 18.07.1930. Biblioteca Alberto Nepomuceno. Escola de Música da Universidade Federal do Rio de Janeiro.

27 Fonte: *Diário de Notícias*. Rio de Janeiro, 18.07.1930, *ibidem*.

28 Como já dissemos no primeiro capítulo, foi nesta orquestra que Villa-Lobos trabalhou como violoncelista e fez sua estreia como compositor.

29 Francisco Nunes deixou a Sociedade em 1925, quando foi organizar e dirigir o Conservatório Mineiro de Música de Belo Horizonte (Cacciatore 2005, p. 319).

112   Dalila Vasconcellos de Carvalho

Prefeitura (pois desde 1931, já estava em atividade a Orquestra Sinfônica do Teatro Municipal do Rio de Janeiro, sendo seu primeiro maestro titular o mesmo Francisco Braga).[30] Sua importância para música de concerto é assinalada pelos jornais da época e pela historiografia. Segundo Azevedo (1956), suas apresentações eram "acontecimentos significativos na vida artística e mundana da cidade, reunindo largas audiências e despertando o entusiasmo vaidoso de um público satisfeito pela tão protelada aquisição de uma orquestra permanente." (*idem* p. 187)

A orquestra do INM, por sua vez, começa a ser organizada em 1924 pelo diretor Fertin Vasconcellos, sendo formada a princípio pelos alunos das classes de cordas (violino, viola, violoncelo, contrabaixo). Em 1925, em sua quarta apresentação, era constituída de sessenta músicos: professores, alunos e ex-alunos. Entre 1924 e 1928, foi regida pelos professores de violino Ernesto Ronchini (1863-1931) e Humberto Milano (1878-1933) e Francisco Braga, professor de composição (PAOLA; BUENO, 1998, p. 63). Embora os concertos com a orquestra fossem irregulares, esta deu oportunidade a novos solistas e compositores brasileiros; executou, por exemplo, pela primeira vez a "Suíte Sinfônica sobre três temas brasileiros" de Lorenzo Fernandez, que foi apresentada em 1925, sob a regência de Humberto Milano (AZEVEDO, 1956, p. 318). É curioso observar que a orquestra da escola tenha sido organizada antes mesmo da criação do curso de regência em 1932.

Diante de um cenário tão reduzido de possibilidades para a prática da regência cabe ressaltar a posição central de Francisco Braga como maestro, à frente de todas as orquestras existentes, mantidas pela Sociedade de Concertos Sinfônicos, pelo INM e pelo Teatro Municipal do Rio de Janeiro. Podemos dizer que Francisco Braga foi um compositor-regente, pois, como outros de sua geração, começou regendo os concertos de obras suas na Banda do Asilo dos Meninos Desvalidos. Na época, era comum que os compositores regessem a execução de suas próprias obras; além de Francisco Braga, outros compositores arriscavam-se na regência neste período. Podemos citar: Assis Republicano, Lorenzo Fernandez,

---

30   Francisco Braga deixou o posto em 1933, sendo substituído por Henrique Spedini (?- ?), que ficou no cargo até se aposentar em 1954 (*idem*, p. 518).

O gênero da música 113

Villa-Lobos, Francisco Mignone, João de Souza Lima (primeiro regente
da recém-criada Orquestra do Teatro Municipal de São Paulo).

Nesse contexto, a expectativa, a curiosidade e mesmo a desconfiança
dos críticos e público na estreia de Joanídia estão relacionadas também à
estrutura incipiente dos concertos sinfônicos; a falta de recursos financeiros inviabilizava a criação de uma estrutura fixa que garantisse as condições mínimas de ensaios para que uma orquestra sinfônica se apresentasse
de modo satisfatório e com regularidade. Consequentemente, o número
ínfimo de orquestras reduzia as oportunidades para a prática e o surgimento de novos regentes, homens ou mulheres. Além disso, tampouco
existia no INM o curso de regente. Dessa forma, apenas alguns renomados compositores arriscavam-se nesta atividade; no início, regendo suas
próprias obras. Nessas condições, a regência era uma prática associada à
figura dos compositores e, como tal, predominantemente masculina. De
modo que o surgimento de uma mulher regente era um fato duplamente
raro em um contexto de escassez de candidatos ao posto:

> Numa terra em que a falta de regentes se faz sentir de modo quase
> absoluto (só temos tido nestes últimos anos, com raras exceções, no
> posto espinhoso de chefe de orquestra, o maestro Francisco Braga) o
> aparecimento de um novo regente, dada ainda mais *a circunstância
> especial* de ser *uma regente*, devia constituir forçosamente *um caso
> sensacional. [grifo meu]*[31]

Se não era comum o surgimento de regentes, era menor ainda o
de "uma regente". Isto quer dizer que, ao ocupar a posição de maestro,
Joanídia estava, aos olhos dos críticos, postulando uma posição masculina. Sua ambição masculina de glórias é vista como positiva, desde que
submetida aos papéis de esposa e mãe:

> Não é raro, hoje, ver a mulher em *atitudes másculas, discutindo
> política, desejando votar e ser votada*, assumindo compromissos co-
> merciais, tomando a seu cargo as grandes obras de benemerência,
> perscrutando os segredos da assistência e da arte, num crescendo de

---

31 Fonte: *Correio da Manhã*. Rio de Janeiro, 19.07.1930. Biblioteca Alberto
Nepomuceno. Escola de Música da Universidade Federal do Rio de Janeiro.

114   Dalila Vasconcellos de Carvalho

justificada *ambição de glórias*. Nem nos parece que *o Lar, seu único santuário* em tempos de antanho, seja prejudicado com o *novo surto de suas aptidões*. Parece mesmo que, *não desprezados os princípios morais garantidores da integridade da família*, essa nova tendência da mulher poderá assegurar, mais positivamente, *a educação dos filhos*. *[grifo meu]*[32]

A falta de um apoio oficial à estreia de Joanídia pode também ter contribuído para aumentar as suspeitas do público e dos críticos. Ao ser analisado o programa do concerto, foi observado que nenhuma das duas orquestras em atividade naquele ano participou do evento, tendo sido indicada apenas a participação de "uma grande orquestra." Este detalhe parece indicar que Joanídia não obteve o apoio oficial da Sociedade de Concertos Sinfônicos e nem do Instituto Nacional de Música. Isto não quer dizer que as duas instituições não tenham ajudado ou que os músicos destes dois conjuntos não tenham integrado a orquestra regida por ela. O fato é que, Joanídia assumiu publicamente a organização do próprio concerto, inclusive, arcando com as despesas necessárias para sua realização.

Portanto, coube a ela constituir a orquestra que iria reger, tarefa nada fácil. Afinal, o sucesso de um regente dependia da qualidade e do desempenho do trabalho conjunto dos instrumentistas. Assim, não se tratava apenas de contratar os melhores músicos disponíveis, mas também de estabelecer uma relação de confiança e respeito necessária para garantir o empenho de todos na execução das peças. Ao que parece, Joanídia exerceu sua capacidade de "dirigir" antes mesmo de subir aos palcos, demonstrando liderança suficiente para mobilizar os músicos em torno de seus objetivos artísticos e alcançar as condições mínimas para a realização do concerto. O trabalho realizado por ela nos bastidores aparece nos elogios do crítico João Nunes:

> Para a exceção, em condições normais, de uma obra sinfônica, é indispensável a presença dos seguintes fatores: bom regente, boa orquestra e *meios de custear tantos ensaios quantos forem necessários* para que os professores da orquestra se familiarizem com as intenções

---

32   Fonte: GONÇALVEZ, Armando. *Correio Fluminense*. Niterói, 27.07.1930, *ibidem*.

O gênero da música   115

do regente e apresentem um conjunto disciplinado. Obedeceu a este quadro o Concerto Sinfônico que a senhorita Joanídia Sodré, professora catedrática de teoria e solfejo do Instituto Nacional de Música, realizou ontem, no Teatro Municipal. Demonstrando reais aptidões para a difícil e complexa arte de dirigir grandes orquestras, *cercou-se a regente estreante de um núcleo magnífico de professores* e, depois de ensaiá-los devidamente, deu-nos uma audição sinfônica perfeitamente equilibrada. *[grifos meus]*[33]

Analisando o conjunto das críticas disponíveis sobre a estreia da maestrina, notamos que a maioria dos críticos tece comentários sobre os gestos corporais de Joanídia com a batuta, avaliando não somente a precisão técnica dos movimentos, mas o modo como expôs sua figura no palco. Lembremos que o corpo do regente, em primeiro plano, fica totalmente exposto à observação da plateia, que tem absoluta liberdade para esquadrinhá-lo.

A crítica de Arthur Imbassahy, publicada no *Jornal do Brasil*, exemplifica como a diferença de gênero aparece, sutilmente, na avaliação dos críticos. No primeiro momento, o olhar do crítico volta-se para a apresentação musical, para o desempenho da orquestra e para atuação da regente, visando apontar qualidades e falhas em razão de uma expectativa do que é ser um "chefe de orquestra". Contudo, em seguida, ao focar sua análise sobre o gestual de Joanídia para avaliar a expressividade de sua mímica corporal, observamos que há um julgamento que extrapola as qualidades técnicas e artísticas e remete a certa moralidade do corpo feminino.

Imbassahy estava entre os críticos receosos das capacidades de Joanídia, não pelo fato de ela ser mulher, mas por considerar sua formação musical, em composição, insuficiente para o exercício da função de regente. Para isso, apresenta o exemplo do músico italiano Arturo Toscanini (1867-1957),[34] na época, regente principal da Orquestra Filarmônica de Nova York, que se dedicava exclusivamente à carreira de maestro; e do músico francês Hector Berlioz (1803-1869), que, mesmo sendo um grande compositor, sentiu dificuldades em reger a própria obra:

---

33   Fonte: Nunes, João. *O Globo*. Rio de Janeiro, 18.07.1930, *ibidem*.

34   Hoje, é considerado um dos principais maestros do século XX.

Confesso que não foi sem uma certa *dose de prevenção* que me apresentei anteontem no Municipal, para assistir ao concerto sinfônico que, em vesperal, ia ser dirigido pela sra. Joanídia Sodré, recentemente chegada da Europa, para onde fora no intuito de se aperfeiçoar, segundo ouvi, em seus estudos de composição. (...) Para que um músico seja considerado um bom diretor de orquestra, *não basta saber*, mesmo profundamente, *as regras de composição* e *harmonia, nem ensinar sua profissão: não são raros os operistas que não sabem dirigir a orquestra de sua música.* Quase não existe compositor de ópera, ou de qualquer música de fôlego, como a sinfonia bem elaborada, *cuja batuta não se curve à de Toscanini* que, aliás, não me consta tenha escrito qualquer coisa de valia nesse gênero. Berlioz nas suas *Memórias* (...) confessa, falando da execução de uma missa sua (...) em Paris, [que] *não possuía requisitos necessários quando teve que dirigir a orquestra* e os coros do Odéon, para fazer ouvir esse seu trabalho musical.

(...) dizia ele: *sai- me muito regularmente; que bem longe estava eu de possuir as mil qualidades de precisão, de sutileza, de calor, de sensibilidade e sangue frio, unidos a um instinto indefinível, que constituem o talento do verdadeiro chefe de orquestra, sendo-me preciso tempo, exercícios e reflexões para adquirir algumas. [grifos meus]*[35]

Assim, tomando como referência as qualidades apontadas por Berlioz como necessárias para um regente, Imbassahy faz uma avaliação criteriosa, apontado as falhas, mas também o potencial de Joanídia, que já demonstrava possuir algumas das qualidades fundamentais para o posto:

A Srta. Joanídia Sodré, se no concerto citado sob a sua batuta diretorial, não conseguiu uma execução absolutamente perfeita; se não foram observadas rigorosamente todas as minúcias das peças que se ouviram, para que tivessem todas os seus efeitos, nem por isso deixou de obter muito, muitíssimo mesmo, de merecer os aplausos. Várias daquelas qualidades apontadas por Berlioz, além de outras ali não enumeradas, elas as possui manifestamente, *como sangue frio,*

---

35 Fonte: Imbassahy, Arthur. *Jornal do Brasil*. Rio de Janeiro, 19.07.1930, *ibidem.*

O gênero da música   117

sensibilidade e aquele instinto que constitui o verdadeiro chefe de orquestra. ⌐grifos meus][36]

Em seguida, ao detalhar as qualidades apresentadas tais como atenção, gestual expressivo, memória, intuição e interpretação, observamos que o crítico também elogia os gestos "comedidos" e a sua postura irrepreensível:

> Foi aí que eu pude reconhecer na talentosa musicista qualidades superiores para dirigir grandes orquestras: sua atenção volta-se, quase sempre, para os pontos em que era preciso se estar alerta para não se dar qualquer deslize; *os movimentos de sua batuta, notavelmente comedidos, estavam a indicar o que ela queria*; memória já digna de registro para não precisar ter os olhos fixos na partitura e poder despertar, à tempo, a atenção do instrumentista; intuição clara da arte; interpretação verdadeira e séria das peças que dirigia; *e finalmente correção nas suas atitudes*. *[grifos meus]*[37]

Portanto, há dois elogios que não se referem a nenhuma das qualidades apresentadas anteriormente, mas sim ao modo como Joanídia portou-se no palco. Os gestos corporais da maestrina são duplamente avaliados, tanto pela sua destreza técnica, quanto pela decência na apresentação. Por isso alguns termos utilizados pelos críticos em geral, tais como: "exatidão" e "sobriedade", "precisão de movimentos" e "comedimento dos gestos" – estão a julgar aspectos diferentes, embora pareçam referir-se à mesma coisa.

Em outra crítica publicada pelo jornal *Diário da Noite*, podemos notar o mesmo procedimento: Joanídia é elogiada por adequar o ato de reger (a segurança, a precisão dos gestos) à elegância "feminina", ou seja, por reger sem exibir o seu corpo acentuadamente:

> Dirigindo a orquestra com segurança e *elegantemente, sem espalhafatosa articulação, consoante aos hábitos, nesse métier, do país onde*

---

36   Fonte: *idem*.

37   Fonte: *idem*.

118   Dalila Vasconcellos de Carvalho

acaba de chegar – a Alemanha – *fazendo-se obedecer* pelos músicos da orquestra. *[grifos meus]*[38]

Em outra notícia publicada no jornal *Diário de Notícia*, contraditoriamente, o crítico elogia a maestrina pelo seu "estilo próprio" de reger, marcado mais pela "coordenação" do que por uma atuação pessoal sobre a orquestra, pelo equilíbrio "calculado" controlando o "temperamento de moça", cujas "explosões" são incompatíveis com a "função" de "dirigente de orquestra". Mais uma vez observamos o uso do termo "sobriedade", para se referir à moralidade dos gestos, e "exatidão", para descrever a habilidade técnica:

> Suas aptidões são realmente pouco comuns e a sua atuação agradou quase sem restrições. Possui, na verdade, aquela nossa artista, *estilo próprio* e um conjunto de qualidades que a tornam, já agora, não apenas uma estreante, no sentido literal da expressão, mas uma *dirigente de orquestra segura do seu papel* e com uma compreensão exata da importância de sua função (...) Não se nota, de fato, de sua parte, *nenhum exagero na maneira por que é conduzida a sua função*, a qual parece muito mais de *coordenação da massa sinfônica* do que *propriamente de dirigente*, no sentido de ser imposta a sua atuação pessoal; como fator preponderante na execução total. Ao contrário disso, percebe-se justamente que *ela quase sempre controla explosões* que seriam, aliás, *justificáveis em seu temperamento de moça, suprindo com sobriedade e exatidão* qualquer outra qualidade que, acaso, lhe faltasse. A esse respeito, *o ininterrupto e calculado equilíbrio* com que, durante todo o concerto, *sua atuação foi conduzida*, mostra que, apesar de sua escola ser alemã e possuir a artista o sentimento romântico da beleza sonora pura, *nunca*, entretanto, *se perde* numa manifestação, por assim dizer, de *rebeldia pessoal. É sempre calculadamente comedida. [grifos meus]*[39]

---

38   Fonte: *Diário da Noite*. Rio de Janeiro, 18.07.1930. Biblioteca Alberto Nepomuceno. Escola de Música da Universidade Federal do Rio de Janeiro.

39   Fonte: *Diário de Notícias*. Rio de Janeiro, 18.07.1930, *ibidem*.

O gênero da música   119

Apesar de ter sido encorajada pela crítica, Joanídia só volta a conduzir uma orquestra no ano seguinte, em 1931. Neste ano, regeu três concertos: um organizado em comemoração à independência política do Uruguai, com a presença do presidente Getúlio Vargas e do ministro plenipotenciário do Uruguai, e os outros dois organizados pela Sociedade de Concertos Sinfônicos. Joanídia estreou na condução da orquestra da Sociedade com a responsabilidade de substituir o maestro Francisco Braga que, por razões não explicadas, não pôde regê-la, mas assistiu ao concerto na plateia ao Teatro Municipal em 2 de maio, com o concurso do pianista alemão, e então diretor do Conservatório de Leipzig, Max Pauer (que executou o Concerto nº 5 para piano e orquestra de Beethoven).

As críticas foram, de modo geral, positivas, assinalando o privilégio alcançado pela maestrina "principiante" de reger um solista internacional de longa carreira. Arthur Imbassahy, que havia comentado sua estreia em 1930, neste segundo concerto aponta novamente as qualidades necessárias de um chefe de orquestra e, mesmo criticando-a pela falta de autoridade decorrente da ausência de prática, coloca a atuação de Joanídia ao lado dos outros regentes existentes:

> Todo o programa foi executado sob a direção da nossa talentosa maestrina Joanídia Sodré que, se no seu posto diretorial, não conseguiu tudo quanto se podia ou devia esperar da orquestra, *não esteve*, entretanto, *aquém dos que aqui presentemente já se fizeram, ou já vieram feitos, no comando de corporações sinfônicas.* Via-se sem dúvida que *lhe faltava* ainda, sobretudo no 5º Concerto para piano e orquestra de Beethoven, *certa autoridade* na batuta regencial. E que *essa qualidade só se adquire com o tempo, na prática constante de se dirigir orquestra*, e isso mesmo subordinado a condições especialíssimas: talento e aptidão para o mister, sólida educação musical, excelente ouvido, fino gosto artístico, penetração de espírito, memória feliz, cultura literária, senso crítico e analítico, mímica expressiva, movimentos prontos e gesto sugestivo. *[grifos meus]*[40]

---

40   Fonte: IMBASSAHY, Arthur. *Jornal do Brasil*. Rio de Janeiro, 05.05.1931, *ibidem*.

120   Dalila Vasconcellos de Carvalho

A crítica de Octavio Bevilacqua (1887-1969)[41] publicada no jornal *O Globo* e transcrita a seguir traz de forma condensada e clara todos os aspectos imbricados no olhar dos críticos: a musicista, cujos desejos se orientam para "especialidades masculinas" e enfrenta, corajosamente, em um período marcado pelo movimento feminista, os obstáculos de uma profissão incipiente no meio musical carioca, cujas dificuldades fazem desistir até os homens. Joanídia é a imagem do inusitado, da maestrina ao mesmo tempo corajosa, sóbria e elegante:

> O concerto do último sábado, se não nos enganamos, teve uma *nota inédita* em nosso meio musical. Tratava-se de uma audição sinfônica *sob batuta em mãos femininas*, o que pode mostrar quanto vão avançadas *as conquistas do sexo frágil* entre nós. Joanídia Sodré, a quem coube a regência neste dia, proporcionando-nos este *espetáculo raro* em qualquer parte do mundo civilizado, *desde cedo manifestou desejos de dirigir sua atividade musical para especialidades geralmente entregues para os homens*. Assim, foi *a composição* que a atraiu e, vencidas as dificuldades para a obtenção de seu prêmio de viagem, *viu na batuta*, talvez, *um êxito maior para sua carreira*. Ei-la, *destemerosa em sua orientação*. Este mérito, ao menos, ninguém lhe tirará – o de enfrentar, corajosa, dificuldades diante *das quais muitos hesitam*. A tarefa, porém, é difícil, *não só pelo estado mais ou menos embrionário em que nos encontramos ainda em questões de execuções orquestrais*, como pelos próprios escolhos do ofício. Não diremos, pois, que as execuções foram perfeitas; o que dadas as circunstâncias, era impossível. Poderemos, contudo afirmar que *a novel regente portou-se com muito garbo, não tendo escapado a todos certa elegância de seu gesticular. [grifos meus]*[42]

---

41   Filho do compositor Alfredo Bevilacqua, foi aluno e professor do INM e membro fundador da Academia Brasileira de Música. Como crítico musical, trabalhou no jornal *O Globo* desde a sua fundação (CACCIATORE 2005, p. 56, 57).

42   Fonte: BEVILACQUA, Octavio. *O Globo*. Rio de Janeiro, 05.05.1931. Biblioteca Alberto Nepomuceno. Escola de Música da Universidade Federal do Rio de Janeiro.

O gênero da música   121

Em década marcada pelo movimento feminista que reivindicava, entre outras coisas, o direito das mulheres ao voto (concedido no Brasil em 1932), o segundo concerto organizado pela Sociedade de Concertos Sinfônicos foi realizado em homenagem ao 2º Congresso Feminista, em 27 de junho de 1931. Joanídia apresentou pela primeira vez obras das compositoras francesas Cécile Chaminade (1857-1944) e Augusta Homès (1847-1903), da inglesa Ethel Smyth (1858-1944) e da brasileira Branca Bilhar (?-?). A imprensa não deixou de comentar o evento voltado para a execução da obra de compositoras regidas pela maestrina. Diz Octavio Bevilacqua:

> As mulheres dirigem, às vezes, excelentes chefes de orquestra – seus maridos – por que, pois, não poderão dirigir a própria orquestra se dirigem seus chefes? Assim pensa Richard Strauss e com ele, a Sociedade de Concertos Sinfônicos que em uma época de intenso feminismo e querendo homenagear um congresso feminista, realizou um concerto extraordinário sob a batuta de um dos membros do mesmo – a nossa maestrina Joanídia Sodré.[43]

Joanídia não conseguiu a regularidade necessária para se exercitar na regência, ficando sem reger até 1933. Afastada dos palcos, o ano de 1932 foi marcado por uma disputa no Instituto Nacional de Música pela cadeira de regência, criada pela reforma do ensino superior de 1931. Na época, Joanídia manifestou seu interesse em transferir-se para a cadeira recém criada pelo diretor, Luciano Gallet, que faleceu logo em seguida, sem dar solução ao preenchimento da vaga.

Em uma reunião da Congregação realizada em 5 de abril de 1932, Guilherme Fontainha, que então assumiu a direção da escola, resolveu a questão transferindo Joanídia para a cadeira de Harmonia e Morfologia e contratando para a cadeira de regência Walter Burle-Marx (1902-1990), ex- aluno do INM, que havia retornado da Europa em 1930, onde estudou composição e regência. Desde 1931, Walter regia a orquestra que fundara, a Orquestra Filarmônica do Rio de Janeiro (CACCIATORE, 2005, p. 74-75). Na reunião, Joanídia manifestou-se contrária à decisão, questionando o

---

43   Fonte: BEVILACQUA, Octavio. *O Globo*. Rio de Janeiro, 30.06.1931, *ibidem*.

122 Dalila Vasconcellos de Carvalho

diretor. Houve discussão entre os professores, e o maestro Francisco Braga manifestou-se assim, segundo a transcrição da ata da reunião:

> (...) a senhorinha Joanídia Sodré lhe *foi trazida pelas mãos de Alberto Nepomuceno* que muito confiava no seu futuro artístico. *Foi uma aluna esforçada, estudiosa e aplicada*, de contraponto e fuga, instrumentação e composição; obteve o prêmio de viagem ao estrangeiro no concurso de composição realizado em 1927, *embora muito discutido*, como em geral, são todos os concursos dessa natureza; fez estudos especiais na Alemanha, *como está provado oficialmente*, regeu um concerto com muita autoridade, valendo-lhe isso muitos aplausos. *Dizem que esse concerto tinha sido estudado na Alemanha*, mas toda lição é estudada com alguém. *Reúne, pois, a seu ver, os requisitos para o cargo que pretende*, mas achando-se a cadeira de regência provida pelo prazo de um ano, considera o seu caso irremediavelmente perdido, devendo entregar os pontos.[44] *[grifos meus]*

Apesar de afirmar que Joanídia tinha os requisitos para ocupar a cadeira de regência, sua argumentação a favor da regente é contraditória: a cada aspecto positivo apontado, segue-se uma ressalva, uma restrição que põe em dúvida a competência da musicista e a opinião dada pelo maestro. Em nenhum momento ele utiliza a palavra "talento", reforçando a ideia de que, aos seus olhos, Joanídia é ainda uma "aluna esforçada". Joanídia não seguiu os conselhos do mestre e pleiteou na justiça a anulação da decisão que nomeou Walter Burle- Marx, mas perdeu a ação permanecendo na cadeira de Harmonia e Morfologia para a qual fora transferida.

Em 1933, buscando um meio de se apresentar regularmente, Joanídia participou da organização que criou o Centro de Intercâmbio Musical Luso-Brasileiro, associação criada para divulgar obras musicais de compositores brasileiros e portugueses. Como diretora artística e regente do centro, organizou e regeu cinco concertos. Os concertos de maior repercussão entre os críticos ocorreram em 1934, mais uma vez, devido à presença de dois solistas internacionais, o pianista polonês Moriz Rosenthal (1862-1946) e o violonista Léo Cherniavsky (1890-1974).

---

44 Fonte: Apelação Cível contra a União Federal. Rio de Janeiro, 1934, *ibidem.*

O gênero da música 123

Os críticos, de certa forma, continuavam incentivando Joanídia Sodré, salientando o "esforço" de seu trabalho na regência, segundo João Itiberê da Cunha (JIC) (1870-1953),[45] motivado por um dever patriótico:

Não podemos deixar de salientar *o esforço* inteligente da maestrina patrícia Joanídia Sodré, que *vem se impondo*, sem estardalhaço, e realizando um *trabalho consciente e artístico* na regência. O seu segundo concerto sinfônico vale-lhe, em aplausos, a recompensa que merece. Nós temos a mão vezo do exclusivismo! É um ponto de vista injusto e muitíssimo falso. Há, debaixo do sol, lugar para muita gente. Querer eliminar uns em proveito de outros não se justifica de modo algum. E, quando um artista se *inicia na carreira*, como a valente maestrina brasileira, é, além de aberrante, *antipatriótico*. O sucesso alcançado com os seus dois concertos sinfônicos deste ano deve *animá-la a prosseguir*.[46]

Contudo, a partir de 1934, a atividade de Joanídia como regente decresce, tendo o Centro de Intercâmbio Musical Luso-Brasileiro, ao que tudo indica, encerrado suas atividades em 1934. Ainda sim, Joanídia regeu três concertos, um em 1935, outro em 1937 e o último, em 1938. Infelizmente, sobre o concerto realizado em 1937 no INM, em homenagem ao músico Francisco Braga (no qual a Orquestra do Teatro Municipal foi regida pelo seu maestro principal, Henrique Spedini, pelo compositor Oscar Lorenzo Fernandez e por Joanídia Sodré), encontramos apenas o programa do concerto.

O concerto realizado em 1935 foi organizado por uma empresa que então surgia no cenário, a Empresa Artística Teatral, mas a iniciativa comemorada pelos críticos não teve continuidade. O interessante é mostrar que a situação dos concertos sinfônicos e das orquestras continuava precária, impossibilitando a prática da regência, como podemos notar na crítica de Octavio Bevilacqua:

---

45 Compositor e crítico musical nascido no Paraná, filho do compositor Brasílio Itiberê da Cunha (1846-1913) (CACCIATORE, 2005, p. 118).

46 Fonte: *Correio da Manhã*. Rio de Janeiro, 06.10.1934. Biblioteca Alberto Nepomuceno. Escola de Música da Universidade Federal do Rio de Janeiro.

124 Dalila Vasconcellos de Carvalho

A Empresa Artística Teatral fez realizar um concerto sinfônico, este sob a regência da maestra Joanídia Sodré. Age assim, esta empresa, em favor do que entre nós desejam empunhar a batuta, sem ocasião para tal. De tantos sabemos que, mártires desta ansiedade, vem esmorecer seu entusiasmo que poderia ser profícuo. Um conhecemos nós que, em falta do que reger, regia-se a si próprio, de batuta em punho, cantando e assoviando (...) E quantos desgostos já têm causado, em nosso meio, as lutas pela conquista da varinha mágica.[47]

No concerto realizado em 1938, Joanídia participou pela primeira vez da série oficial de concertos da Orquestra da Escola de Música, regendo obras de sua escolha: uma sinfonia de Alberto Nepomuceno, o *Concerto nº 1* para piano e orquestra em *mi* menor de Chopin, um poema sinfônico de Leopoldo Miguéz e a abertura de *Tannhauser* de Richard Wagner. Joanídia conhecia bem o programa do concerto, que foi elogiado por Octavio Bevilacqua; com exceção da peça de Miguéz, ela já havia regido as demais obras anteriormente. Lembremos que Joanídia atuava como regente há oito anos, tendo regido neste período doze concertos, apesar de todos os obstáculos já apontados. Regeu um repertório de trinta e oito obras diferentes, e entre os compositores que mais executou, estão Francisco Braga e Alberto Nepomuceno, seguidos de Richard Wagner, Chopin e Beethoven. Fez também a primeira audição de doze obras; além das peças das compositoras Branca Bilhar, Ethel Smyth, Cécile Chaminade e da Augusta Homès, já citadas; destacamos *Finlândia* de Sibelius e o poema sinfônico *Stenka Razin* do compositor russo Alexander Glazounov. Assim que, passados oito anos de sua estreia, a imagem da "regente principiante" dá lugar à imagem de uma regente tão "senhora de sua arte", isto é, segura, cuidadosa e fria, quanto seus pares masculinos:

> Vendo-a reger, tem-se a impressão de que *é senhora de sua arte*. Mas achamo-la *algo fria*. Talvez erro de nossa visão: *chamamos frieza o que é apenas sobriedade*. Entretanto, com este ou outro reparo, o certo é que a maestrina Joanídia Sodré *pode figurar sem favor ao par de outros aplaudidos regentes do sexo oposto* que, carecendo também

---

47 Fonte: Bevilacqua, Octavio. *O Globo*. Rio de Janeiro, 10.06.1935, *ibidem*.

O gênero da música   125

de mais calor, não a superam na *interpretação meticulosa e segura das peças que dirigem. [grifos meus]*[48]

Segundo João Itiberê da Cunha (JIC), Joanídia se impõe como regente no meio musical por meio das suas qualidades artísticas e pessoais somadas ao seu trabalho persistente, e não por ser mulher. Curiosamente, o crítico prefere tratá-la como "professora", ao invés de "maestrina", mais condizente talvez com a atuação profissional que acabara de ressaltar. Se o título de "professora" é significativo do ponto de vista institucional, da perspectiva do renome artístico, o de maestrina é muito mais importante, sobretudo para a própria Joanídia:

> O interessante concerto sinfônico de anteontem, à noite, sob a regência da professora Joanídia Sodré, constituiu *um esforço bem compensado. Detestamos dar-lhe o nome de maestrina, pretensioso,* cheirando a *bas bleu.* Trata-la-emos, de preferência, pelo *título seguramente mais valioso e significativo* de *professora.* Joanídia Sodré é um exemplo de inteligência e de constância, de vocação musical e de amor ao trabalho. Toda a sua carreira ela a fez com brilho, sem estardalhaço, *sem necessidade de invocar prerrogativas de um feminismo sectário e antipático,* que invade mais do que envolve as coisas ambientes. *[grifos meus]*[49]

Joanídia segue sua carreira sem desistir da regência; ao contrário, encontra um meio de conciliar seu desejo "pretensioso" de reger com a imagem de professora, mais conveniente, segundo o crítico. Em 1939, fundou a Orquestra Infantil para conduzir e ensinar o aprendizado musical de jovens instrumentistas. No período posterior, de 1939 até 1946, que antecede a sua eleição para o cargo de diretora, não encontramos programas ou relatos sobre suas atividades musicais. Joanídia volta à cena como regente, anos mais tarde, já como diretora da Escola Nacional de Música do Rio de Janeiro.

---

48   Fonte: D'ALVA, Oscar. *O Globo.* Rio de Janeiro, 24.10.1938, *ibidem.*

49   Fonte: CUNHA, João Itiberê da. "Concerto Sinfônico da Escola Nacional de Música." *Correio da Manhã.* Rio de Janeiro, 21.10.1938, *ibidem.*

126 Dalila Vasconcellos de Carvalho

"O diretor" da escola de música

Joanídia dirigiu a Escola de Música entre 1945 e 1967, assumindo ao fim do Estado Novo, fase de enormes crises políticas, mas também da reforma no ensino superior assinada por Francisco Campos (1931). No mesmo ano, foi criada a Universidade do Brasil, ao qual o Instituto Nacional de Música, agora denominado Escola Nacional de Música, é anexado, tornando-se a instituição de educação musical mais importante do País. Esta reforma educacional sedimentou as bases para a montagem estrutural das universidades brasileiras, "prevendo a existência de órgãos e funções básicas, como reitoria, o conselho universitário, a assembleia universitária e a direção de cada escola. O corpo docente era composto por catedráticos, auxiliares de ensino e livres-docentes" (MOTOYAMA, 2004, p. 33).

Durante sua gestão, dá-se o retorno de Getúlio Vargas ao poder em 1951 e seu suicídio em 1954, assumindo a presidência em seu lugar Café Filho. Em seguida, o governo desenvolvimentista de Juscelino Kubitschek, entre 1955-1960, a eleição de Jânio Quadros em 1961, e sua renúncia, seguida pelo Golpe Militar de 1964. No âmbito do universo musical carioca, seu mandato teve início às vésperas do centenário da Escola Nacional de Música, comemorado em 1948, evento amplamente aguardado por todo cenário artístico da época, colocando sua gestão no centro das atenções.

Em seus dois primeiros mandatos, entre 1945 e 1954, Joanídia introduziu e renovou "(...) várias disposições de regimentos anteriores que ainda não tinham sido aplicados, e que se mostravam indispensáveis para a vida administrativa e didática da instituição" (PAOLA; BUENO, 1998, p. 84). Em outras palavras, implementa um novo regimento escolar, aprovado pelo conselho universitário, com algumas disposições já previstas pela reforma universitária de Francisco Campos, mas ainda não executadas na Escola de Música, tais como: a criação dos cursos de Aperfeiçoamento e Especialização, que poderiam ser ministrados por catedráticos ou por livres-docentes; e a divisão do curso de graduação em dois cursos, um voltado para a formação de professores e outro para a formação profissional (executantes).

É preciso dizer que, nesta época, muitos professores estavam em situação irregular. O quadro docente da Escola de Música contava com

O gênero da música 127

poucos professores catedráticos, muitas cadeiras sendo ocupadas por professores interinos contratados e por assistentes dos catedráticos que não recebiam por seu trabalho, de modo que a expansão da estrutura escolar e a situação caótica do corpo docente levaram Joanídia a intensificar a realização de concursos para cátedras e professores livres-docentes.

Como se sabe, ao longo da história da Escola de Música, o preenchimento das cátedras por meio de concurso, transferência ou nomeação de professores, bem como os concursos a prêmios, estiveram na origem de muitos infortúnios, pois mobilizavam uma teia conflituosa de interesses individuais e institucionais, em função de insatisfações com os resultados obtidos. Em 1916, realizou-se o primeiro concurso para professores que terminou com a demissão do diretor Alberto Nepomuceno.

Em 1915, o então professor da cátedra de solfejo, Henrique Braga, foi jubilado do cargo, sendo substituído interinamente pela professora livre-docente Maria Clara Lopes. O professor de clarineta, Francisco Nunes, solicitou sua transferência para a cadeira vacante, ao que Nepomuceno se opôs, preferindo que fosse realizado um concurso para moralizar o preenchimento das vagas na instituição, decisão acatada pelo Conselho Docente. Assim, transcorreu o concurso. O resultado foi anulado depois de um dos concorrentes ao cargo acionar a Justiça contestando a imparcialidade do júri, alegando que o vencedor, Octavio Bevilacqua, era filho e cunhado de dois professores da escola. O caso terminou com o pedido de demissão do diretor Alberto Nepomuceno. Joanídia, ainda uma aluna de treze anos, juntou-se aos 342 alunos que assinaram uma homenagem de apoio ao ex-diretor (PEREIRA, 2007, p. 254-264).

A própria Joanídia, como vimos, envolveu-se em duas disputas quando era professora: na primeira, em 1927, ela saiu vencedora do concurso de composição; na segunda, perdeu a cadeira de regência, para a qual almejava ser transferida, para o maestro Walter Burle-Marx. Como diretora da escola, Joanídia exerceu seu poder de veto, escolhendo os professores

128   Dalila Vasconcellos de Carvalho

conforme seus próprios critérios, como podemos observar no depoimento de Jacques Nirenberg (1923-2010):[50]

> Ela provou ser uma criatura ardilosa, por causa disso, ninguém gostava dela. Eu digo ninguém porque você pode ter visto, conversado com as pessoas, e essas pessoas não conheceram Joanídia, ouviram falar. Poucas pessoas conheciam dona Joanídia. As que conheciam, conheciam por alguma negativa que ela fizesse, porque ela não se deixava levar na lábia. Ou ela gostava da pessoa ou não, então não adiantava nada você trazer diploma da Sourbonne ou diploma de Harvard, não adiantava nada, nada. Ela não queria saber disso. Ela queria uma pessoa que pudesse ajudá-la na administração da escola.[51]

Outro episódio que diz muito sobre a personalidade da diretora foi a conquista de uma reivindicação antiga, a troca do antigo órgão doado por Leopoldo Miguéz em 1890 (levado para a capela da Universidade do Brasil) pelo novo órgão encomendado na fábrica Giovanni Tamburini da Itália, inaugurado em 13 de agosto de 1954. Logo que assumiu a direção da escola, Joanídia envolveu-se na realização deste projeto. A princípio, a diretora pretendia apenas reformar o antigo órgão, mas devido aos custos elevados da reforma, passou a considerar a possibilidade de comprar um novo, empreendimento financeiro vultuoso que jamais teria sido concretizado se a diretora não tivesse conquistado o apoio do reitor da universidade, Pedro Calmon, e do vice, Deolindo Couto (PAOLA; BUENO, 1998, p. 90).

Se, no âmbito da universidade, Joanídia conduzia com diplomacia suas relações, fora dela, o relacionamento, sobretudo com os críticos, não era lá muito amistoso; ao contrário, eles rejeitavam a diretora da escola

---

50   Jacques Nirenberg, nascido no Rio de Janeiro em 1923, foi músico, médico psiquiátrico e professor de música de câmara na Escola de Música da UFRJ. Foi aluno de violino da professora Paulina D'Ambrósio e membro do Quarteto Oficial da Escola de Música e membro da Academia Nacional de Música. Jacques teve uma relação profissional e de amizade com Joanídia Sodré, sendo seu amigo pessoal.

51   Fonte: NIRENBERG, Jacques. Entrevista concedida a Dalila Vasconcellos de Carvalho. Rio de Janeiro, 20.11.2009.

O gênero da música   129

que, por sua vez, menosprezava o papel da imprensa, como podemos observar em outro trecho do depoimento de Nirenberg:

> Os críticos não entravam na escola! Tinham uma ojeriza pela Joanídia! O nome de Joanídia criava uma barreira. Não entravam! Faziam boicote! É porque ela era uma pessoa, quero dizer... era assim mesmo que ela dizia: – Crítica? Eu nem leio, nem quero saber, nem abro o jornal para ler crítica porque não vale a pena. Eles estão no bem bom, não estudam nada, vem aqui, sentam e vem olhar só os erros, não olham coisa boa não, só as coisas ruins, só as coisas ruins que eles olham. E de fato, ela tem razão. Embora a crítica seja necessária para o artista, na maioria das vezes ela é venal, de modo geral, é. Então, a Joanídia criou essa fama e essa..., e essa rejeição.[52]

O modo ditatorial como Joanídia comandava a escola, contrariando diversos interesses individuais (sobretudo no que se refere aos concursos para professor), somado à rejeição dos críticos, ajuda a compreender por que, em 1954, eclode uma oposição ferrenha à sua administração, encabeçada, justamente, por um grupo de artistas, críticos, compositores e intérpretes que estavam fora da Escola e não pelos professores da instituição, que tinham acabado de reelegê-la para mais um mandato.

Por meio de uma carta dirigida ao presidente Café Filho, o grupo pede a saída de Joanídia da direção da escola de música, colocando em suspeita o processo eleitoral e acusando-a de proteger o compositor Carlos Anes. Dos vinte e cinco signatários, quinze declaram-se membros da Academia Brasileira de Música. O primeiro a assinar a carta é o compositor Villa-Lobos. Dentre os demais, destacamos os críticos Andrade Muricy (*Jornal do Comércio*), Renzo Massarani (*Jornal do Brasil*), Eurico Nogueira França (*Correio da Manhã*), os compositores Helza Camêu, Alceu Bocchino, Cláudio Santoro, Jayme Ovale, Frutuoso Vianna. Assinou também: Odina Dantas (*Diário de Notícias*), o compositor Camargo Guarnieri (então no Departamento de Cultura do Estado de São Paulo), o escritor

---

52 *Idem.*

130   Dalila Vasconcellos de Carvalho

Manuel Bandeira, Luiz Gonzaga Botelho (Sociedade Cultura Artística de São Paulo), entre outros.[53] A Academia Brasileira de Música, fundada em 1945 por Villa-Lobos, tinha como objetivo reunir as personalidades do universo musical: compositores, intérpretes e musicólogos. Na época de sua fundação, o projeto educacional dirigido por Villa-Lobos no período Vargas encontrava-se já implementado; o compositor deixara a chefia do SEMA (Superintendência da Educação Musica e Artística) permanecendo na direção do Conservatório Nacional de Canto Orfeônico, criado em 1942 (GUÉRIOS, 2007, p. 198). Curioso é notar que, na carta, Villa-Lobos se apresentou primeiro como membro do Instituto da França[54] (estabelecimento francês que inspirou a criação da Academia) e depois, como presidente da ABM.

Apresentamos abaixo o trecho que inicia o manifesto contra Joanídia. Nele podemos observar aspectos do contexto da disputa; primeiro, nota-se que a "música nacional" é a expressão do potencial da nação, o que situa o país ao lado dos países "civilizados". Disso resulta a importância da Escola de Música no encaminhamento profissional deste "dom da natureza", isto é, a tradição no ensino musical estaria sendo deixada de lado pela "direção da escola":

> No quadro das nossas atividades culturais tem *a música* importância relevante, constituindo uma das artes cujo exercício, no duplo sentido de criação e interpretação, *mais nos elevam no conceito dos demais povos cultos.* Nossos compositores e intérpretes são o fruto que condensa, já em alto plano estético, a seiva musical da *nacionalidade,* que nutre as belas expressões do nosso folclore e *as vocações*

---

53   Fonte: Carta Manifesto contrário a Joanídia Sodré ao Exmo. Presidente da República. Rio de Janeiro, 03.12.1954. Biblioteca Alberto Nepomuceno. Escola de Música da Universidade Federal do Rio de Janeiro.

54   É uma instituição francesa de 1795 que reúne as cinco grandes academias francesas: L' Académie Française, L'Académie des Inscriptions et Belles-Lettres, L'Académie des Sciences, L'Académie des Beaux-Arts, L'Académie des Sciences Morales et Politiques. Fonte: Institut de France. Disponível em: http://www.institut-de-france.fr. Acessado em 02.08.2010.

O gênero da música   131

artísticas que brotam, de norte a sul do país. Esse quadro adquire níti-
da significação cultural na medida em que *o dom da natureza é apro-
veitado pela aprendizagem bem conduzida da profissão de músico*. Na
evolução histórica de nossa música há, de fato, um ponto decisivo,
quando Francisco Manuel da Silva, o autor do hino Nacional, funda
em 1833, a Sociedade de Beneficência Musical, que D. Pedro II
transforma, em 1848, no Conservatório Imperial de Música do Rio
de Janeiro. *Daí se origina o tradicional instituto, em cuja direção passam vultos ilustres, como Leopoldo Miguéz e Alberto Nepomuceno,
e que vem transformar-se na atual Escola Nacional de Música da
Universidade do Brasil.* Os músicos brasileiros que assinam este manifesto, Exmo. Presidente da República, compositores, intérpretes
e críticos, se vêem na contingência de trazê-lo a Vossa Excelência,
movidos por justificado e incoercível ímpeto de protesto, contra o
desprezo, já público e notório, que *a direção da Escola Nacional
de Música* vota às responsabilidades pedagógicas do estabelecimento, *que defluindo de suas nobres tradições relembradas acima, só deveriam alargar-se, presentemente. Na sua alarmante decadência,*
entretanto, caracterizada inclusive pela *deturpação das finalidades
normais de ensino e cultura, para servir a interesses mesquinhos e escu-
sos,* a Escola Nacional de Música exige, de fato, perante o supremo
magistrado da Nação, este pronunciamento nosso. *[grifos meus]*[55]

O recurso ao passado histórico para afirmar o ensino como tradição
do estabelecimento também faz menção a uma tradição "masculina"
na direção da escola, pelo resgate das figuras de Alberto Nepomuceno e
Leopoldo Miguéz, acentuando a ruptura com o passado e associando a
"decadência" atual à direção de Joanídia.

No trecho seguinte, em que as acusações à administração da musicista
são apresentadas, manifesta-se o conflito entre o feminino e o masculino
na construção de uma imagem essencialmente ambígua sobre a diretora:

(...) É que, de há muito, conforme a própria imprensa da capital
do país tem, assiduamente, refletido, *o diretor* da Escola Nacional

---

55   Fonte: Carta Manifesto contrário a Joanídia Sodré ao Exmo. Presidente da
República. Rio de Janeiro, 03.12.1954. Biblioteca Alberto Nepomuceno.
Escola de Música da Universidade Federal do Rio de Janeiro.

132 Dalila Vasconcellos de Carvalho

de Música, *professora* Joanídia Sodré, cujo alto posto galgou, com surpresa geral, em 1945, estabelece suas relações administrativas com o corpo docente do estabelecimento na base exclusiva da *troca de favores*. Se determinado professor se mostra disposto a apoiar *o diretor* em quaisquer medidas, sejam embora as mais nocivas, pedagógica e artisticamente – si esse professor, principalmente, empenha o seu voto para a reeleição do diretor, então o diretor, por sua vez, o apoia. Esse processo, Exmo. Sr. Dr. Café Filho, levou a suscitar--se, na Congregação da Escola Nacional de Música, uma corrente majoritária que cerca *a professora* Joanídia Sodré, conduzindo-a a reeleições sucessivas, conforme ainda há pouco ocorreu; corrente não apenas de professores que se sentem forçados a pactuar, pela força das circunstâncias, com o situacionismo dominante. Assim chegou a estabelecer-se o incontestável arbítrio da *professora* Joanídia Sodré em nosso estabelecimento padrão de ensino musical universitário. Seu aspecto mais deprimente reveste consequências lamentáveis, a um tempo, educacionais e artísticas. É *a imposição* que, *no uso caprichoso e soberano* de todos os meios de prestígio e influência de que dispõe a Escola Nacional de Música, faz *o diretor* da casa de ensino, *de um autor de músicas, cuja capacidade técnica é absolutamente negada pelos signatários deste documento.* Desconhecido, anônimo, esse *autor de submúsica* surgiu no meio musical brasileiro, lançado em nosso conservatório oficial por obra e graça da *senhora* Joanídia Sodré. E não se contentou *o diretor* do estabelecimento em torná--lo o mais executado, dentre os compositores nacionais que figuram nos programas oficiais da escola, nem em conceder-lhe o maior destaque, na Exposição comemorativa, há alguns anos, do centenário do estabelecimento. Logo, de fato, com genuíno escândalo de professores, críticos e artistas, passaram aquelas músicas, assinadas por Carlos Anes, a figurar nos próprios programas de ensino, em muito maior número do que as de *compositores brasileiros consagrados* (...).[56] *[grifos meus]*

Segundo eles, a diretora, mediante "troca de favores" com alguns professores e coação a outros, conseguiu formar um grupo "majoritário" na congregação da escola, visando perpetuar-se na direção. Além disso, teria

---

56 Fonte: *idem.*

O gênero da música   133

usado o prestígio da escola e a influência de que dispunha para promover e impor nos programas de ensino as obras de Carlos Anes, compositor desconhecido e que não possuía "capacidade técnica". Numa primeira leitura, observamos que Joanídia é tratada de modo ambíguo. Em nenhum momento o texto se refere a ela como a diretora, mas sempre como "o diretor". Denota-se aí a dificuldade em conceber uma mulher exercendo esta função "masculina", em oposição à profissão de professora, mais condizente com as funções "femininas" de ensinar, cuidar e assistir (FERROT, 2005, p. 285). Conforme visto, a mesma questão aparece na avaliação dos críticos sobre a regência de Joanídia: é mais fácil compreendê-la como professora.

A confusão provocada pela presença de uma mulher na direção da escola torna-se mais gritante quando notamos que ela é acusada de ter uma conduta ao mesmo tempo "masculina" e "feminina". Isto é, de uma só vez ela é "soberana" e "caprichosa". Quer dizer, é criticada por utilizar artifícios do universo "masculino" da política – troca de favores, conchavos, coação, favorecimento de amigos – todos os sinais inequívocos de "virilidade", e incongruentes, não com a função de diretor,[57] mas com o comportamento "feminino" de "agradar" e "seduzir", duas habilidades fundamentais para uma boa esposa (CARVALHO, 2008, p. 240). Além disso, a promoção de Carlos Anes não é compreendida como inserida na lógica das disputas do campo, ao contrário, é considerada uma extravagância "feminina".

Parece curioso que em uma carta dirigida ao presidente Café Filho – que tinha acabado de assumir em razão do suicídio de Getúlio Vargas –, cujo objetivo é pedir a saída de uma diretora eleita, se dê tanta importância ao favorecimento de um compositor "anônimo", como eles próprios afirmam. De fato nas acusações não encontramos nenhuma crítica direta às mudanças ou atos de Joanídia no período. A queixa dos signatários se refere ao profundo incômodo causado pelo relacionamento amoroso entre a diretora da Escola de Música, Joanídia (então com 51 anos), com Carlos Anes, engenheiro e funcionário do Ministério da Aeronáutica, oito anos

---

57 Lembremos, por exemplo, a figura de Leopoldo Miguéz, outro diretor tão contradito quanto ela pela sua atuação "ditatorial" (PEREIRA 2007, p. 69), mas cujos méritos administrativos são referendados até hoje pela historiografia musical.

134   Dalila Vasconcellos de Carvalho

mais novo que ela. A assimetria de poder e de idade não passou incólume aos seus opositores, alunos e professores da escola.

Carlos Anes Martins Teixeira nasceu na cidade Rio de Janeiro em 1911, tendo começado a estudar música na infância. Foi aluno da Escola de Artes e Ofícios Wencesláu Braz, mas quando estava prestes a se formar abandonou o curso de violino para encontrar os pais que estavam na cidade do Porto, em Portugal, onde tocou violino na Orquestra Estudantil Almeida Garrett. Regressou ao Brasil em 1933 ,e em 1940, formou-se no curso de Engenharia Civil na Escola Politécnica do Rio de Janeiro. (CACCIATORE, 2005, p. 435).

Segundo Nirenberg (2009), Joanídia apoiou incondicionalmente sua carreira de compositor, sempre incluindo uma composição dele nos concertos que regia na escola e fora dela, o que foi condenado pelos executantes da orquestra. Outra atitude que desagradou a todos, foi a inclusão das obras de Anes nos eventos comemorativos do Centenário da Escola e em outras atividades artísticas promovidas pela instituição, como a "1º Exposição de Música Erudita de Compositores Brasileiros e de música folclórica", organizada em 1949.

Entretanto, Joanídia parecia não se importar. Aliás, nunca fez questão de esconder esse relacionamento – registrado em fotos de época a partir de 1949 – que não sabemos ao certo como e nem quando começou. O fato é que Joanídia aparece sempre acompanhada do pai e de Carlos Anes nos eventos realizados na Escola. Há, inclusive, uma viagem que fizeram juntos para o Paraná, noticiada pelos jornais de Curitiba, e para Portugal em 1953. Nirenberg (2009) ao falar sobre o relacionamento entre Joanídia e Carlos Anes, confirma o apoio de Joanídia a despeito da qualidade duvidosa das obras de Anes, referindo-se a ele como "o engenheiro que fazia composições":

> Joanídia ficou noiva. Se apaixonou por um engenheiro, Carlos Anes, e *esse engenheiro fazia composições*. E ela não perdia tempo, você sabe, *a paixão fala tudo! Ela pegou as composições, com valor ou sem valor, e tocava na orquestra*. Nessa época, já foi feita a orquestra, a Orquestra da Escola de Música. E aí, ela colocava as músicas [no programa de concerto]. Eu fiz parte da orquestra até e *isso foi muito*

O gênero da música   135

mal criticado. (...) E quando se apaixonaram tinha esse problema
(...) Durou pouco, infelizmente, não chegou nem a consumar o ato
de casamento, nada. Eu acho que, pra mim, era mais um *amor pla-
tônico, sabe.* Não era nem, nem verdadeiramente o amor. (...) *Mas
ela tinha uma vida assim, um pouquinho, não digo mórbida não, mas
era uma vida, assim, triste, sabe. E quando teve noivo, ela brilhou um
pouco. [grifos meus].*[58]

Carlos Anes faleceu abruptamente em 1959, vitimado por um tumor
no cérebro. Em suas palavras, Nirenberg deixa entrever, de um lado, que
havia um problema no relacionamento, para além do problema de saúde
do músico, atribuído talvez à disparidade profissional ou à diferença de
idade existente entre eles. Nossa hipótese é de que a diferença de idade e
a imagem de certo modo andrógina de Joanídia (o "diretor") colocavam o
relacionamento sob suspeita.

Mais uma vez, Joanídia não se intimidou diante dos opositores e em
10 de dezembro de 1954, *O Jornal* publica sua resposta às acusações:

> Nunca na escola de música foram executadas tantas obras de com-
> positores brasileiros como agora. Entre outros, posso citar de mo-
> mento, J. Octaviano, Assis Republicano, Domingues Raimundo,
> Newton Pádua, José Siqueira, Djalma Guimarães, Batista Siqueira,
> Virginia Fiúza e Carlos Almeida. Cujas obras, nas administrações
> anteriores, eram legadas às estantes em benefício da exclusividade
> de execução das obras de Villa-Lobos e Camargo Guarnieri. É por
> essa razão que minha administração tem desgostado a esses compo-
> sitores, cujas obras, porém, convém ressaltar, nunca foram excluídas
> do repertório da Escola, como acontece nos setores em que atuam
> os signatários do memorial em relação aos demais compositores
> brasileiros que não fazem parte de seu diminuto grupo. (...) *Repito*
> *agora pelas colunas de O Jornal o convite que já fiz aos signatários do*
> *memorial. Prestem concurso, ingressem no corpo docente da Escola*

---

58   Fonte: NIRENBERG, Jacques. Entrevista concedida a Dalila Vasconcellos de
Carvalho. Rio de Janeiro, 20.11.2009.

136   Dalila Vasconcellos de Carvalho

Nacional de Música e venham, então, legalmente, opinar sobre a sua vida. [grifos meus].[59]

Em 12 de dezembro, os professores catedráticos da Escola se manifestaram em defesa da diretora, escrevendo uma carta que, em tom acusatório, mostra como Villa-Lobos ocupava, nessa época, uma posição central no cenário da música "erudita" carioca, interferindo nela por meio das instituições que tinha sob o seu comando:

> É curioso também que pessoas como o seu H. Villa-Lobos encabece assinaturas de protesto contra a continuação da atual direção na escola de música, *quando ele próprio é diretor, desde a fundação do Conservatório Nacional de Canto Orfeônico,* cargo que ocupa *sem possuir qualquer título oficial de música ou mesmo de humanidade, o que é ilegal.* Cumpre notar também que a maioria das assinaturas do manifesto em tela pertence a pessoas que ascenderam à Academia Brasileira de Música sem jamais terem dado provas de mérito e *apenas porque formam ao lado do Sr. Villa-Lobos, seu idealizador, criador e senhor onipotente que distribuiu as cadeiras da imortalidade a seu bel prazer,* sem nenhum processo que estabelecesse pela seleção o valor dos seus ocupantes – isto sim é caso para uma sindicância. *[grifos meus].*[60]

Uma leitura desatenta deste conflito pode levar a pensar que se trata apenas de compositores ofendidos em sua vaidade, preteridos pela diretora em favor de um compositor menor. Porém, estamos diante de um embate pela hegemonia no campo musical, no qual Joanídia ocupa uma posição privilegiada do ponto de vista institucional, subvertendo a ordem entre os papéis masculinos e femininos. O conflito entre Joanídia e Villa-Lobos define os termos de uma disputa entre instituições em confronto: de um lado, a instituição do *establishment* musical e seus cargos públicos,

---

59   Fonte: "Façam concurso e ingressem na congregação da escola, se querem influir na sua vida." *O Jornal,* Rio de Janeiro, 10.12.1954. Biblioteca Alberto Nepomuceno. Escola de Música da Universidade Federal do Rio de Janeiro.

60   Fonte: Abaixo-assinado em defesa de Joanídia dos professores da Escola Nacional de Música. Rio de Janeiro, 12.12.1954, *ibidem.*

O gênero da música 137

ocupados por um seleto grupo de professores, nem sempre bem sucedidos do ponto de vista do renome artístico; de outro, a Academia Brasileira de Música, formada por artistas que, como Villa-Lobos, "se fizeram sozinhos", isto é, por meio do mecenato e das suas redes sociais, agora, formalizadas pela academia, e que mesmo tendo conquistado o reconhecimento, não tinham um lugar garantido na Escola de Música.

Não por acaso a disputa traz à tona a questão do diploma: ter ou não uma formação musical acadêmica para a construção da carreira. O diploma não é fundamental para a conquista do renome, a própria trajetória de Villa-Lobos demonstra isso. Entretanto, receber um diploma não é um ato formal sem importância, ao contrário, é uma forma de consagração que separa, por toda vida, os diplomados dos não diplomados. Na disputa entre Villa-Lobos e Joanídia, podemos observar que o primeiro conquistou o renome como compositor "erudito", enquanto ela conquistou postos "masculinos" como a composição, a regência e a direção da escola, submetendo-se a provas e concursos, isto é, ao jogo institucional em que diplomas e prêmios são os principais trunfos, algo que Villa-Lobos nunca fez, não por incapacidade, evidentemente, mas por ter alcançado o prestígio e a consagração que tanto desejava por outro caminho. Muito mais que sancionar uma competência técnica, o diploma expressa uma competência social que consagra, por intermédio da escola, uma diferença social preexistente (BOURDIEU, 1996, p. 38).

A imagem controversa de Joanídia vai se formando e se fortalecendo à medida que ela passa a concorrer aos prêmios e cargos de poder, conseguindo-os efetivamente. Sua trajetória transcorre, assim, equilibrada entre os êxitos e a contestação pública de cada uma de suas conquistas. O que de fato a disputa implicada em todas estas polêmicas parece colocar em jogo é a posição ambígua de Joanídia, ambígua por desarrumar os modelos normativos de gênero em torno das atividades musicais, atuando em atividades "masculinas" por excelência.

Helza Camêu, "modesta" compositora

Eu tenho a agradecer ao Museu da Imagem do Som, agradecer aos presentes que tiveram a bondade de vir até aqui para que eu dissesse alguma coisa da minha vida tão modesta, tão apagada, mas vivida com muita sinceridade, e eu a todos agradeço de coração.[1]

AS PALAVRAS ACIMA REVELAM A IMAGEM que Helza Camêu fazia de si: considerava-se uma compositora fracassada. Se, no capítulo anterior, o perfil da maestrina Joanídia Sodré foi construído a partir das imagens projetadas sobre ela, neste capítulo é a autoimagem de Helza que orienta a análise. Este sentimento é reiterado em um conjunto de fontes em que ela fala sobre si mesma: nas duas entrevistas que concedeu, nas suas correspondências, na análise que fez sobre a trajetória de Bidu Sayão e Guiomar Novaes.

Helza desempenhou vários papéis: pianista, compositora e musicóloga tendo sido premiada em todos eles. Conquistou a medalha de ouro em piano em 1920 no INM, foi premiada como compositora duas vezes em 1936 e 1943 e, por fim, em 1977, seu livro *Introdução ao Estudo da Música*

---

1 CAMÊU, Helza. *Depoimento à posteridade*. Rio de Janeiro Museu da Imagem e do Som do Rio de Janeiro, 16.03.1977.

142   Dalila Vasconcellos de Carvalho

Indígena Brasileira recebeu o Prêmio Especial da Caixa Econômica Federal, conferido à melhor interpretação da cultura brasileira.

Assim, podemos dizer que ela era uma artista multifacetada que foi capaz de tocar, compor e escrever, produzindo uma obra profícua. Curiosamente, porém, Helza em nenhum momento valoriza seu perfil múltiplo e "masculino", ao contrário, vê na diversidade das atividades que realizou o sinal do fracasso como compositora. Neste sentido, pretendemos compreender sua própria noção de "fracasso" analisando as inúmeras direções e sentidos que constituem seu percurso singular entre o ofício musical e a pesquisa musicológica, entre a prática musical e a escrita. Começando pelo seu interesse musical, o modo como este foi acolhido no ambiente familiar – principalmente pelo pai; por que motivos Helza desistiu da carreira de pianista; as razões da opção pela composição e os caminhos que a levaram à pesquisa sobre a música indígena.

Ao contrário do acervo de Joanídia Sodré, cujas fontes se restringem à vida pública e profissional da maestrina, o material utilizado para a construção do perfil de Helza Camêu ofereceu uma visão mais equilibrada entre vida íntima e profissional, entre as imagens projetadas sobre ela e aquela construída sobre si mesma. Além dos recortes de jornal, fotos, programas de concerto, partituras e cadernos de música, examinamos: as cartas, entrevistas e dois manuscritos.

Entre as cartas, destacamos a correspondência da compositora com Mário de Andrade em 1937; com sua primeira professora, Paula Ballariny (entre 1937 e 1942); com o compositor Lorenzo Fernandez, em 1946 e, por fim, com o crítico musical Andrade Muricy, em 1961. A primeira entrevista foi concedida para o projeto do Museu da Imagem e do Som do Rio de Janeiro, denominado *Depoimento para Posteridade*, gravado em 16 de março de 1977. Trata-se de um programa do museu que, desde 1966, convida personalidades dos mais diversos setores culturais (música, teatro, cinema, artes plásticas etc.) para gravar em áudio ou vídeo um depoimento.[2]

---

2   Helza Camêu foi entrevistada por Aloysio de Alencar Pinto (pianista, compositor, folclorista); Mercedes Reis Pequeno (professora e bibliotecária); Cleofe Person de Matos (musicóloga, regente de coral e professora); Maria Sylvia Pinto (cantora e principal intérprete da compositora); Eurico Nogueira

O gênero da música   143

A segunda entrevista foi concedida a Lauro Gomes em 1991, no programa *Música e Músicos do Brasil* da Rádio MEC. Helza escreveu muito ao longo da vida, preparando textos para programas de rádio ou para as palestras que ministrava; no interior destes, encontram-se dois manuscritos da década de 1960 sobre as artistas Bidu Sayão e Guiomar Novaes.

Estreia às avessas

Helza de Cordoville Camêu nasceu no Rio Comprido, bairro da zona norte da cidade do Rio de Janeiro, em 28 de março de 1903, quinta dos seis filhos do casal Francolino Camêu e Corinthya de Cordoville Camêu: os dois primeiros, Milton e Agenor, morreram ainda pequenos; depois nasceram Graziela (1898), Francolino (1901), Helza e, por fim, Nilton (1905). Francolino e Nilton faleceram logo em seguida, vitimados por epidemias que assolavam o Rio de Janeiro na época, como a febre amarela (DUTRA, 2001, p. 8). Em 1910, Graziela faleceu aos 12 anos de idade. Helza tornou-se assim filha única tendo toda a atenção dos pais voltada para si.

Se os primeiros anos de sua infância foram marcados pelo sofrimento gerado pela perda dos cinco irmãos, eles significaram também a descoberta da música. Helza guarda muitas recordações dessa fase, como revela em carta escrita a Andrade Muricy em 1961. Foi observando as aulas de piano da irmã mais velha, Graziela, que ela se interessou pelo piano, iniciando-se no instrumento aos sete anos, com a mesma professora da irmã, a alemã Paula Ballariny.

> Eu comecei a estudar música de verdade com sete anos. Eu tocava de ouvido (...) desde os dois anos. Batia no piano e atrapalhava minha irmã que estudava, nessa ocasião, já com seriedade, já fazia uma coisa muito boa com a Paula Ballariny, uma senhora alemã, casada com brasileiro.[3]

França (crítico e musicólogo); Adhemar Alves Nóbrega (musicólogo)e por João Vicente Salgueiro, diretor do Museu da Imagem e do Som do Rio de Janeiro.

3   Fonte: CAMÊU, Helza. *Depoimento à posteridade*. Rio de Janeiro: Museu da Imagem e do Som do Rio de Janeiro, 16.03.1977.

144 Dalila Vasconcellos de Carvalho

Muito provavelmente, as meninas foram incentivadas pela mãe, que tocava piano "de ouvido" e gostava de música "popular", embora este gênero não fizesse parte dos estudos de Helza, o que parece significativo. Na entrevista que concedeu à série *Depoimentos à posteridade*, em 1977, o musicólogo Ademar Alves Nóbrega perguntou se Helza não sentiu vontade de compor ou tocar no "gênero" de Chiquinha Gonzaga, então no auge do seu sucesso. Na resposta de Helza, podemos observar como os termos "música brasileira" ou "música popular" denominavam uma expressão musical desvalorizada pelos "professores de música". As partituras chegavam à sua casa por meio do gosto musical da mãe, que as adquiria:

> Ademar Alves Nóbrega: Quando você começou a estudar, a glória de Chiquinha Gonzaga era uma coisa palpitante e atual ainda. Você não se sentiu tentada a fazer música naquele gênero ou pelo menos tocá-la?

> Helza Camêu: Ademar, na minha época, sobre esse ponto de *música brasileira*, foi muito sacrificada. Porque *os professores* estavam imbuídos de uma superioridade. Alguma coisa fora do comum. De maneira que [eles] achavam que *a música popular estragava o gosto do aluno*. Se eu conheci música de *Nazareth*, se eu conheci um pouquinho de música popular [foi] *graças a minha mãe*. *Porque ela gostava*. Havia nesse tempo cidadãos que vendiam música na rua, então ela comprava. [*grifos meus*][4]

O pai Francolino, por sua vez, trabalhou no serviço de taquigrafia do Senado. Chegou ao cargo de diretor e exerceu o magistério por vinte e cinco anos como professor de taquigrafia. Atuou também como jornalista e publicou, ainda, obras de sua autoria,[5] que foram doadas ao Arquivo Nacional.[6] Com isso, ele garantiu estabilidade financeira e boa posição social para a família. Segundo Helza, seu pai também gostava

---

4   Fonte: *idem*.

5   As obras de Francolino não foram consultadas.

6   Fonte: CORREIA, Julieta. Manuscrito. Rio de Janeiro, 02.04.2000.

O gênero da música   145

muito de música, tendo contribuído para a formação do gosto musical
da compositora:

> Em casa, meu pai gostava muito de música, tinha uma pianola, só
> tinha peças clássicas, de criança, ouvia Beethoven, Mendelssohn,
> *Sonho de uma noite de verão*. Dormia ouvindo *Sonho de uma noite
> de verão* (...) Ah! Mas tinha *A Sertaneja*! Interessante! (...) Mais
> fora disto, o que eu me habituei a ouvir foi isso.[7]

É interessante notar que, se Francolino e Corinthya eram dois apre-
ciadores de música, foi o gosto musical paterno que prevaleceu na formação de Helza, bem como o gosto pela escrita. De todo o modo foi a
mãe, pianista amadora, a grande incentivadora da carreira profissional de
Helza, intercedendo junto ao marido que se opunha à carreira musical
por acreditar que uma "moça de família não deveria trabalhar".

Em 1919, Helza foi levada pela professora Paula para ter aulas particulares com Alberto Nepomuceno, o compositor e professor de piano do
Instituto Nacional de Música (INM), que lhe despertou profunda admi-
ração, como reconhece em 1991:

> Foi ela [Paula Ballariny] que me levou porque eu não comecei a es-
> tudar com Alberto Nepomuceno, mas com [Henrique] Oswald. Mas
> ela tinha admiração pelo Nepomuceno e levou-me até o professor.
> E eu também fiquei encantada por ele. Era um velho admirável né,
> um homem fino, um homem inteligente, sabia animar o aluno.[8]

Helza, que já havia concluído seus estudos regulares no colégio
Pedro II, instituição de ensino prestigiada na época, ingressou, em 1920,
no Instituto Nacional de Música para obter o diploma. Devido às aulas
particulares que fizera desde 1910, em apenas um ano se formou na instituição, não precisando cursar os nove anos exigidos para o curso de piano.
Com a morte de Alberto Nepomuceno, assumiu a classe de piano João

---

7   Fonte: CAMÊU, Helza. *Depoimento à posteridade*. Rio de Janeiro: Museu da
    Imagem e do Som do Rio de Janeiro, 16.03.1977.

8   Fonte: CAMÊU, Helza. Entrevista à Lauro Gomes na Rádio MEC. Rio de
    Janeiro, 1991.(cópia cedida pela pesquisadora Luciana Dutra).

146 Dalila Vasconcellos de Carvalho

Nunes (1877-1951).[9] No trecho abaixo, podemos observar como a relação entre professor e aluno nem sempre se estabelece de maneira fácil, exigindo um esforço de adaptação de ambos os lados; mas, ao começo difícil, seguiu-se uma relação de cumplicidade:

> Eu já escrevi sobre isso e foi um pouquinho penoso para mim porque eu senti o choque entre os dois temperamentos. O Nepomuceno era uma criatura extremamente extrovertida, muito, como dizer, muito animado, muito (...). O outro [João Nunes] era o contrário, uma criatura muito retraída, ele deixava sempre uma grande diferença entre o aluno e ele, de maneira que eu senti esse choque muito grande. (...) Você sentia que não havia aquela aproximação do professor e aluno, não havia. Havia uma grande distância. Felizmente, eu fui muito feliz até o final do ano porque depois, ele modificou-se, mas na hora, eu senti essa diferença que foi muito brusca, a diferença entre os dois, porque o Nepomuceno era uma criatura que dava sua personalidade, seu entusiasmo, o outro, guardava muito e fazia sempre muita restrição e nem sempre oportunamente. Infelizmente, eu sou obrigada a dizer isso porque eu não gosto de dividir o que eu não sinto.[10]

No final de 1920, Helza passou pelos exames finais com distinção, sendo por isso convidada a participar do concurso ‹a prêmio promovido pelo INM para os melhores alunos de flauta, violino, canto, harpa e piano. Para cada instrumento havia uma banca de jurados e um repertório exigido. O júri de piano foi composto entre outros, por Oscar Guanabarino (1851-1937), crítico musical do *Jornal do Comercio*, pelo professor Francisco Braga (1868-1945), e pelo pianista e compositor Ernani Braga (1888-1948).

Uma análise detida do programa do concurso mostra que somente no piano há alunos concorrendo ao prêmio. Na flauta, no violino, no canto e na harpa, apenas alunas, o que indica uma maioria de mulheres. Helza concorreu com onze candidatos: três homens e nove mulheres.

---

9   Fonte: CAMÊU, Helza. *Depoimento à posteridade*. Rio de Janeiro: Museu da Imagem e do Som do Rio de Janeiro, 16.03.1977.

10 Fonte: *idem*.

O gênero da música   147

Curiosamente, para o piano há uma distinção entre alunos e alunas, isto é, exige-se uma peça diferente para cada grupo. Para as moças, a *Balada op. 24* de Grieg e para os rapazes, *Variações Sérias op. 54* de Mendelssohn. Não era um recurso para avaliar alunos em níveis diferentes já que as duas obras faziam parte do repertório exigido para alunos do último ano do curso de piano do INM. Então, por que avaliar homens e mulheres separadamente? Como vimos no capítulo anterior, a percepção do ato de tocar é indissociável da apreensão do corpo e do instrumento (objeto), logo o pianista, ao tocar, performatiza expectativas diversas sobre o "feminino" e o "masculino".

Agraciada com a medalha de ouro, Helza podia concorrer à bolsa de estudos no exterior, também concedida pelo Instituto Nacional de Música: o sonho e a ambição de muitos musicistas, como discutimos no primeiro capítulo. Entretanto, ela nem sequer cogitou a possibilidade em função de sua família:

> Filha única e pais doentes. Eu nunca tinha a liberdade de fazer certas coisas. *Filha única de sete*, o senhor pode imaginar que todo o carinho, toda atenção, era focalizado só sobre mim. De modo que isso *tolhia* muito, mas demais mesmo, né. De modo que eu não podia pensar que eu ia pra Europa. Eles ficavam doidos ou então, tinha que ir a família toda, né! Não é possível! *[grifos meus]*[11]

O excesso de zelo dos pais, consequência da morte de cinco filhos de um total de seis (e não sete como diz a compositora), somado às restrições impostas pelo pai à filha mulher, são os principais obstáculos às pretensões artísticas da pianista. E é, portanto, nas brechas destas limitações que Helza vai construindo um caminho sinuoso no processo constante de definição e redefinição de suas ambições profissionais. Se viajar para Europa parece um sonho impossível, seguir a carreira como intérprete no Brasil parecia algo factível, como visto no primeiro capítulo: nesta época a carreira de intérprete- pianista fazia parte do horizonte das mulheres, sobretudo daquelas que dominavam certo repertório "clássico", como era o caso das alunas do INM. Assim sendo, já no ano seguinte à sua formatura,

---

11   Fonte: *idem.*

148   Dalila Vasconcellos de Carvalho

estimulada pelo prêmio, prosseguiu os estudos de piano com João Nunes e continuou investindo em sua formação musical, dando início aos estudos particulares de harmonia com o professor Agnello França (1875-1964). Em 1922, Helza teve sua primeira e fugaz experiência como professora: João Nunes convida-a para ser sua assistente no colégio *Sacré-Cœur*, onde dava aulas de música. Este fato marca o início da luta que travaria com o pai para seguir sua carreira profissional. Francolino não queria que a filha trabalhasse, mas permitiu que aceitasse o emprego desde que ele fosse levá-la e buscá-la diariamente na porta do colégio, atitude que desagradava profundamente a jovem professora (DUTRA, 2001, p. 15).

Entre a formatura no INM e o primeiro recital de piano, foram três anos de estudos. João Nunes prepara-a para o primeiro recital, vislumbrando uma carreira de intérprete-pianista para a pupila. A confiança do mestre na qualidade e na competência de Helza pode ser observada no exame detalhado do programa de audição de suas cinco alunas de piano, realizada em 22 de agosto de 1923, no Salão Nobre do INM. O nome de Helza é destacado no programa pela seguinte informação: "1º prêmio de piano do Instituto Nacional de Música". Helza encerrou o programa tocando parte do repertório que então preparava para o seu concerto solo, executando, inclusive, a peça *Marionnettes*, composta por João Nunes e a ela dedicada. Além disso, Helza executou uma peça considerada extremamente difícil: *São Francisco de Paula caminhando sobre as ondas* de Liszt, executada em geral por virtuoses.

Seu primeiro concerto realiza-se dois meses depois, em 24 de outubro. O crítico Oscar Guanabarino anunciou o evento no *Jornal do Comércio*:

> Concerto – Na sala do Instituto Nacional de Música realiza-se hoje, às 9 horas da noite, o primeiro recital de piano da senhora Helza Camêu, com o seguinte programa:

> 1º. Parte: Chopin, Sonata, op. 58, *Alegro majestoso, Scherzo, Largo* e *Final*; Chopin, *Estudo, op. 25, nº 12, Noturno, op. 27, nº 1* e *Scherzo, op. 31*.

> 2º Parte: *Schumann, 12 Estudos Sinfônicos*.

O gênero da música   149

3° Parte: Villa-Lobos, O *Ginete de Pierrozinho* e *Polichinelo*, John Ireland *The Island Spell*; João Nunes, *Marionnette*, Debussy, *L"isle joyeuse*, Liszt, *Rapsódia* n° 12.[12]

Helza se apresenta publicamente pela primeira vez, tocando peças já "clássicas" no repertório dos concertistas: os compositores românticos Chopin, Liszt, Schumann, que exploram o virtuosismo e a expressividade do piano, ao lado de peças de autores contemporâneos, como o compositor inglês John Ireland (1879-1962) e dos compositores brasileiros João Nunes, então seu professor, e do novato Heitor Villa-Lobos. É interessante ressaltar que a terceira e última parte do programa é marcada pela escolha de três compositores diferentes cujas peças mostram uma inspiração no impressionismo francês, sobretudo em Debussy. Tanto *Marionnette* de João Nunes quanto *Polichinelo* de Villa-Lobos foram compostas sob inspiração da concepção de *Children's corner* de Debussy (GUÉRIOS, 2003; AZEVEDO, 1950). Outro detalhe importante: O *Ginete de Pierrozinho* foi executado pelo pianista Ernani Braga na Semana de 1922, indicando que Helza e João Nunes estavam atentos às novidades da época.

Em 1961, escrevendo a Andrade Muricy sobre sua carreira, Helza se referiu ao seu primeiro e único concerto. Embora as críticas musicais sobre sua apresentação tenham sido, em sua maioria, positivas, como a própria compositora ressalta, Helza desistiu de ser uma concertista, atribuindo o ocorrido ao seu "temperamento nervoso" e a "uma série de contratempos", sem especificar que acontecimentos foram esses:

> Em 1923, apresentei-me como pianista sendo bem recebida pela crítica, com exceção de Guanabarino que me fez sérias restrições baseadas em informações (Folhetim de J. do Comercio). Continuei os estudos com João Nunes durante bastante tempo parecendo que o *professor reconhecia* em mim algum merecimento, no entanto, *tudo fracassou*, concorrendo para isso o [meu] *temperamento nervoso* aliado a *uma série de contratempos suficientes para desanimar*. E com isso, ficou

---

12   GUANABARINO, Oscar. "Teatros e Música". In: *Jornal do Comercio*. Rio de Janeiro, Divisão de Música e Arquivo Sonoro, Fundação Biblioteca Nacional, 24.10.1923.

150   Dalila Vasconcellos de Carvalho

encerrada uma experiência que hoje posso afirmar poderia ter sido continuada com bastante margem. *[grifos meus]*[13]

É interessante lembrar que Helza, aos 17 anos já havia passado (e bem) por uma situação de igual ou maior grau de exigência, em que se apresentou em público, concorrendo com outros candidatos e sob o julgamento de jurados: o concurso para medalha de ouro em piano do Instituto Nacional de Música, em 1920. Na época, o próprio Oscar Guanabarino concedeu-lhe o voto para medalha de ouro.

Em uma entrevista concedida por ela a Lauro Gomes em 1991, Helza fala mais uma vez sobre a estreia, mas agora, fazendo uma comparação entre as duas situações dando novas pistas para compreender sua desistência:

> Foi o primeiro e último! (…) Porque eu nunca me senti bem com o público. Na minha carreira de pianista, digamos, eu só me senti muito bem uma vez: o concurso a prêmio [1920]. Me senti bem aquele dia, eu estava feliz! Mas quando me vi diante de uma público para concerto…, *não era meu temperamento*. *[grifos meus]*[14]

Enquanto na carta escrita em 1961, a compositora diz que desistiu da carreira de pianista em razão do seu "temperamento nervoso" e dos "contratempos", referindo-se, provavelmente, aos conflitos com o pai, na segunda entrevista de 1991, ela revela que seu "temperamento nervoso" estava associado ao fato de não se sentir bem em público. O pudor ou o recato, um aspecto da socialização feminina, tornou-se um empecilho para muitas candidatas à carreira de concertista. Vale lembrar o caso da pianista Antonietta Rudge, citado no primeiro capítulo. Se o decoro "feminino" retirou-a do palco, não a fez desistir definitivamente da carreira musical; ao invés de realizar-se como pianista, como muitas mulheres de sua geração, decidiu se arriscar na composição, uma opção "masculina".

---

13   Fonte: CAMÊU, H. [Carta] 27.02.1961, Rio de Janeiro [para] MURICY, A. Rio de Janeiro, *ibidem*.

14   Fonte: CAMÊU, Helza. Entrevista à Lauro Gomes na Rádio MEC. Rio de Janeiro, 1991 (cópia cedida pela pesquisadora Luciana Dutra).

O gênero da música 151

Helza já compunha nessa época, mas "não sabia direito se era aquilo" que queria; sentia que "faltava alguma coisa".[15] Fez sua primeira composição aos 14 anos, escolheu um poema da escritora paulista Ilka Maia (1906-1988) para compor uma canção que dedicou à mãe (DUTRA, 2001, p. 12). A partir de 1926, a pianista começa a investir na formação de compositora. Iniciou as aulas particulares de contraponto e fuga com Francisco Braga, mas, em razão da enfermidade deste, estuda composição com Assis Republicano (1897-1960) e, depois do primeiro concerto em 1934, com Lorenzo Fernandez (1897-1948).[16]

Compor: "o alvo visado"

Para o primeiro concerto como compositora, em 1934, no salão do Instituto Nacional de Música, Helza fez uma seleção das primeiras músicas que compôs antes dos estudos que realizou:

> Eu já trabalhava um pouquinho, mas *sem orientação propriamente*, né. Depois, *arvorei-me a escrever*. Fiz assim, uma espécie de seleção do que eu tinha, umas coisas *eu destruí* e dei um concerto. (...) Aí eu convidei Lorenzo Fernandez para o concerto e ele foi e *a crítica* que ele fez, (...), eu vi que ele estava com toda a razão, realmente as minhas falhas ele apontou. Eu fui estudar com Lorenzo Fernandez por causa disso, pelas críticas que ele me fez. Antes... ah, eu já tinha estudado com Republicano, mas não tinha me apresentado. *[grifos meus]*[17]

---

15 Fonte: CAMÊU, Helza. Entrevista à Lauro Gomes na Rádio MEC. Rio de Janeiro, 1991 (cópia cedida pela pesquisadora Luciana Dutra).

16 Completam cs estudos particulares, o curso de história da música com Octavio Bevilacqua (1887-1965), o de técnica do violoncelo com Newton Pádua (1894-1966) e de o técnica do violino com Paula Ballariny. Fonte: MURICY, Andrade. "Ficha dos Acadêmicos: Helza Camêu" In: *Jornal do Comercio*. Rio de Janeiro: Academia Brasileira de Música, 1961.

17 Fonte: CAMÊU, Helza. *Depoimento à posteridade*. Rio de Janeiro: Museu da Imagem e do Som do Rio de Janeiro, 16.03.1977.

152   Dalila Vasconcellos de Carvalho

Em seu depoimento, Helza mostra como a opinião dos críticos musicais ou dos compositores renomados, como era o caso de Lorenzo Fernandez, é significativo para o músico iniciante, porque assinala sua aceitação ou não entre seus pares. Neste sentido, é possível compreender por que Helza se tornou sua aluna particular de composição. A autocrítica, ainda que exacerbada, como é o caso de Helza, que "destruiu" as peças que julgou "ruins", não é suficiente para confirmar seu "talento", apenas mostra seu compromisso com a "arte", sua busca pela "obra perfeita".

O programa do concerto de 1934 foi dividido em duas partes: na primeira, foram apresentadas duas canções: *Cismando*, sobre poema de Manuel Bethencourt, e *Cavalgada*, poema de Raymundo Corrêa (1859-1911); duas peças para violino e piano: *Melodia* e *Scherzetto*, um *Prelúdio em mi bemol maior* e um *Estudo op. 19 n° 4 (sobre fragmento de um canto indígena)* para piano. Na segunda parte, duas peças para piano e violino: *Cantilena* e *Capricho sobre um canto popular*. Para encerrar, uma peça para piano e violoncelo: *Meditação*; e duas canções: *A hora cinzenta*, poema de Raul de Leoni (1895-1926) e *Oração ao sol*, poema de Renato Travassos (1897-1960).[18] Nestas obras compostas entre 1928 e 1933, podemos observar que Helza manifesta sua preferência pelos poemas de escritores contemporâneos e neosimbolistas.[19]

A estreia de Helza como compositora recebeu a crítica de João Itiberê da Cunha (JIC), publicada no jornal *Correio da Manhã*, que inicia seu texto elogiando a compositora por ser "dotada" não de um talento musical, mas dos predicados de uma moça prendada que ensaia seus "primeiros" passos na composição, segundo ele, de forma positiva:

> Trata-se de uma *jovem compositora* patrícia, *excelentemente dotada* e que nos fez ouvir as suas *primeiras tentativas musicais. A estreia foi*

---

18   Fonte: Programa do "Concerto extraordinário – Composições de Helza Camêu". Rio de Janeiro, 08.12.1934. Divisão de Música e Arquivo Sonoro, Fundação Biblioteca Nacional.

19   Segundo Dutra (2001), Helza escolheu para suas canções poemas de escritores neossimbolistas cujas obras se encaminhavam para o modernismo, e a obra de muitas escritoras e poetisas, entre as quais: Florbela Espanca, Cecília Meireles, Helena Kolody, Ilka Maia, entre outras. (p. 61)

O gênero da música   153

auspiciosa. Evidentemente, Helza Camêu, não ignora o movimento e as tendências atuais, mas *prefere dar livre curso ao seu instinto e à sua ciência musical* que ainda é controlada pelas lições escolares recebidas na véspera. A sua inspiração é simples e sentimental. As aplicações de harmonia são medrosas; o contraponto, bisonho. Salvam-se as suas peças pela naturalidade e, sobretudo, por um sentimento de emoção que as domina quase todas. [grifos meus][20]

Sublinhando sua condição de principiante, o crítico evoca a imagem escolar para mostrar que não se trata de um trabalho de autor, mas de uma aluna ainda submissa às "lições escolares". De outro lado, os aspectos positivos das peças, "naturalidade" e "sentimento de emoção", estão associados ao "instinto" e não ao intelecto.

Ainda sim, os termos da crítica deixam ver uma característica presente em toda sua obra que já se anuncia nestas primeiras composições: Helza não segue as "tendências" composicionais do período, como por exemplo o nacionalismo, como veremos adiante.

O crítico segue valorizando a *performance* dos musicistas e termina louvando os "dotes" da compositora, sobretudo sua "espontaneidade" e "sinceridade":

As composições da primeira parte *agradaram francamente*: as de violino, as de canto e as de piano, *excelentemente interpretadas* pelo professor Carlos de Almeida, pela cantora Ruth Valladares Corrêa e pela fulgurante pianista Noemi Coelho Bittencourt. O Prelúdio, em mi bemol maior, e o Estudo *esplendidamente executados* pela ilustre virtucse, causaram *magnífica impressão*. Há neles matéria para maior desenvolvimento. Tal como ressentem-se também um pouco de *unidade*. Mas *não é possível exigir de uma estreante qualidades que só se adquirem pelo estudo e pelo tempo*. Os dotes de *espontaneidade e de sinceridade*, esses, *Helza Camêu os tem*. Infelizmente não pudemos ouvir as peças da segunda parte. *[grifos meus][21]*

---

20   Fonte: CUNHA, João Itiberê da. Correio da Manhã. Rio de Janeiro, Divisão de Música e Arquivo Sonoro, Fundação Biblioteca Nacional, 12.12.1934.

21   Fonte: *idem.*

154 Dalila Vasconcellos de Carvalho

Não parece exagerado afirmar que embora Helza não esteja no palco tocando, expondo-se como intérprete, suas qualidades pessoais (seu comportamento enquanto mulher) não deixam de ser avaliadas. Sua música é vista como expressão exclusiva de um "instinto" (já que não resulta de um trabalho intelectual de criação) "feminino" porque é sentimental, espontâneo, sincero. O crítico JIC nem precisou assistir à segunda parte do concerto para fazer suas considerações.

Em contraste com a crítica anterior, Octavio Bevilacqua fez observações mais animadoras ao concerto, não exclusivamente em razão das qualidades musicais das obras, mas por se tratar de um fato incomum. Ironicamente, o crítico afirma que, a despeito do "feminismo triunfante" e das mulheres serem a maioria entre os alunos nas escolas de música, o surgimento de um "autor feminino" é ainda uma "coisa muito rara":

> Uma audição de composições musicais de *autor feminino* é sempre, aqui ou acolá, *coisa muito rara*. E *o feminismo triunfante* parece *não* ter modificado este estado de coisas, *apesar da porcentagem esmagadora feminina que se dedica à música*. A senhorita Helza Camêu, entretanto, vem, cheia de entusiasmo para a liça e se apresenta agora, *como compositora*, depois dos *estudos* preliminares de *piano* e *teoria superior* da música. E sua audição deixou na assistência, uma impressão que, se não foi de intensa vibração (tal não podia ser, dado o *pouco tirocínio* da artista, *como produtora*) foi, contudo, de *agrado sincero*, havendo, mesmo, números como Meditação (para violoncelo e piano), por exemplo, que tiveram as honras de pedidos de bis. Há, de certo, na obra da *talentosa musicista muito* ainda a *ganhar* em *desembaraço* e *técnica*, principalmente, tomando-se em conta *o mérito* e *inteligência* da mesma, tão bem demonstrados. *Sua inspiração é distinta*, revelando *passagens* assaz *interessantes*. E tanto assim é que os louvores lhe vieram da assistência em calorosos aplausos (...) *[grifos meus]*[22]

É evidente que, desta vez, o tratamento dispensado à compositora estreante foi mais criterioso, atendo-se mais à análise das obras executadas

---

22 Fonte: BEVILACQUA, Octavio. *O Globo*. Rio de Janeiro, Divisão de Música e Arquivo Sonoro, Fundação Biblioteca Nacional, 15.12.1934.

O gênero da música 155

levou em consideração a sua formação, a experiência como musicista e a reação da plateia.

Contudo, pode-se dizer que, se as críticas do primeiro concerto são marcadas por avaliar as peças musicais em razão de uma concepção acerca do "feminino" e por assinalar a "raridade de autoras", mostrando que a criação ainda era uma atividade masculina, nos próximos concertos, os críticos passam a considerá-la como artista dando um sentido para sua obra.

Em 1936, Helza organiza uma segunda audição de suas composições, com o apoio do Conservatório Brasileiro de Música e do seu professor Lorenzo Fernandez. Observando o programa de concerto, notamos que Helza escolhe peças de maior complexidade (a *Suite em estilo antigo* para quarteto de cordas, a *Suite infantil* para piano e a *Sonata* para duo de piano e violino e ainda três canções). Com um programa mais extenso dividido em três partes, conta com o concurso de seis intérpretes: um pianista, uma cantora e um quarteto de cordas. Com exceção da cantora Ruth Valladares Corrêa presente ao seu primeiro concerto, os demais executavam pela primeira vez suas obras.[23] Constam também no programa: os "Dados Biográficos" e uma síntese de sua formação musical, destacando sua filiação institucional: "(...) aluna do Curso de Aperfeiçoamento de Composição do Conservatório Brasileiro de Música".

Novamente, o crítico João Itiberê da Cunha teceu comentários sobre o concerto; agora, o tom é outro, e suas considerações, mais positivas, reconhecem nela "uma artista" promissora cujo "progresso" é evidente. Pela primeira vez, o crítico atribui um lugar e um sentido à sua obra, segundo ele, situada "fora da inquietude moderna":

> A compositora brasileira Helza Camêu apresentou-se ao público anteontem, à noite, pela *segunda vez*, no salão do Instituto Nacional de Música. Fez ouvir algumas das suas *obras mais recentes*. A sua *primeira audição* como *autora*, teve lugar *há quase dois anos*, a 8 de dezembro, naquele mesmo local, com *êxito promissor*. *Evidentemente*,

---

23 Nessa época, Iberê Grosso integrava o trio formado pelo violoncelista Oscar Borgerth e pelo pianista espanhol Tomás Teran, que era professor do pianista Arnaldo Estrela então, iniciando sua carreira de intérprete-pianista (CACCIATORE 2005, p. 134,175-176).

156   Dalila Vasconcellos de Carvalho

agora há progresso. O concerto de anteontem *revelou uma artista com as mais belas possibilidades,* sobretudo, inteirada com *um conhecimento* já muito *seguro* das *formas musicais de composição,* o que já é meio caminho andado para a concepção de planos mais arrojados e de mais audaciosa inspiração. A senhorita Helza Camêu acha-se ainda na *fase clássica e romântica, fora da inquietude moderna e do rebuscamento das originalidades forçadas-* e que Deus a conserve por muito tempo nesse estado de espírito, que o lucro não será somente seu, mas também do público, *farto das extravagâncias do marxismo musical* (...) *Um pouco de paz* nesse sentido não é para desdenhar! *[grifos meus]*[24]

O crítico segue, fazendo observações pormenorizadas das peças apresentadas, ressaltando "o domínio" da compositora sobre os "gêneros" apresentados, destacando a feição "moderna" da sonata para violino e piano e a expressividade das canções. Ao final, assinala o apoio do Conservatório Brasileiro ao evento:

(...) A festa foi *patrocinada* pelo Conservatório Nacional de Música, *instituição nova e de extraordinária eficiência artística* e que já vem se impondo ao nosso meio musical. *[grifos meus]*[25]

O que teria ocasionado a mudança de postura de JIC do primeiro para o segundo concerto? De fato, no segundo programa Helza preocupou-se em apresentar peças que explicitassem seu conhecimento das formas e técnicas musicais (tanto é que o crítico assinalou o seu "progresso"). Além disso, Helza apresentou-se também como aluna de composição de Lorenzo Fernandez, compositor, regente, professor do INM e, principalmente, diretor do Conservatório Brasileiro de Música.

Lorenzo Fernandez estava presente ao concerto, e sua presença não passou despercebida. A foto abaixo ilustra sua posição proeminente na cena, sentado ao centro, cercado pela cantora Ruth, à esquerda, pelos

---

24   Fonte: CUNHA, João Itiberê da. *Correio da Manhã.* Rio de Janeiro, Divisão de Música e Arquivo Sonoro, Fundação Biblioteca Nacional, 24.09.1936.

25   Fonte: *idem.*

demais intérpretes em pé ao fundo e, ao seu lado direito, pela compositora Helza Camêu, que mais parece uma coadjuvante:

1. Sentados (da esquerda para a direita): a cantora Ruth Corrêa, o compositor Lorenzo Fernandez e Helza Camêu.

É interessante comparar as figuras da cantora e da compositora na fotografia. Enquanto Ruth volta-se para as lentes da câmera com um sorriso acentuado pelo batom, portando uma blusa cujo enfeite e transparência ressaltam o colo, deixando à vista os braços e as unhas pintadas, Helza usa uma blusa que encobre todo o colo e os braços, cujo enfeite destaca o rosto, de perfil, parecendo esquivar-se do olhar direto.

O terceiro concerto de Helza tem lugar em 1943, quando participa do 10º Concerto Cultural organizado pelo Conservatório Brasileiro de Música, em 18 de novembro. Para este programa, a compositora apresenta, na primeira parte, *Suite op. 22 A Baratinha e João Ratão* e mais quatro canções: *Desencanto, Madrigal, Torre Morta do ocaso* e *Crepúsculo*. Na segunda, é executada *Sonata op. 24*, para violoncelo e piano. Mais uma vez, a cantora Ruth Valladares e o violoncelista Newton Pádua participaram,

158 Dalila Vasconcellos de Carvalho

ao lado dos pianistas Geraldo Rocha Barbosa e Murillo Tertuliano dos Santos; este, uma criança de 12 anos.

Nesse momento, Helza é reconhecida por sua competência profissional, como o mostra Arthur Imbassahy no texto em que descreve um dia de glória para a compositora no qual não lhe faltou o reconhecimento nem do público – aplausos, cumprimentos e flores – nem de seus pares:

> O que mais tornava interessante esse concerto foi o fato de nele só se executarem composições da compositora brasileira Helza Camêu, musicista dentre os mais destacados, por sua equilibrada inteligência, pela cultura e vivacidade de seu espírito e por sua *competência profissional* na matéria que exercita. *[grifos meus]*[26]

É de se notar que, pela primeira vez, sua linguagem pessoal é reconhecida. JIC assinala uma das grandes qualidades da compositora: a criação de canções em que melodia e poesia, música e texto, combinam-se formando uma unidade harmoniosa e expressiva:

> A compositora patrícia apresentou alguns de seus trabalhos mais significativos: uma Suite infantil lindamente humorística (…). A cantora Ruth Valladares Corrêa, com proficiência habitual, incumbiu-se dos números de canto (…) *cujas melodias, e em geral a fatura musical, foram muito bem inspiradas pelas poesias*, o que implica necessariamente compreensão literária do texto. Salientamos esse ponto, porque nem sempre assim sucede com os compositores. (…) A Sonata é obra inteiramente *moderna, (no bom sentido)* com excelente desenvolvimento, variedade de ritmos e muita liberdade de fatura. O segundo movimento, lento, é quase uma seresta séria. O terceiro, justifica perfeitamente a denominação: impetuoso e apaixonado. Aliás, todo esse opus 24 é feito com *estranha desenvoltura*, indicando *propensões* para *o atonal* e *o politonal*, mata de cipós e de espinhos que requer grandes cautelas para penetrar nela sem perigo. Tudo é perfeitamente compreensível. Ao prazer um pouco mistificante de apresentar coisas *revolucionárias* – que já o são há tempo, sem maiores resultados – não é muito melhor fazer como Helza Camêu que apenas palmilha *os terrenos fronteiriços*, onde a

---

26 Fonte: IMBASSAHY, Arthur. *Jornal do Brasil*. Rio de Janeiro, s/d, *ibidem*.

O gênero da música   159

música ainda é música, deixando de ser simplesmente *ruído bárbaro e primitivo*. *[grifos meus]*[27]

Segundo o crítico, sua obra é "moderna" porque está na fronteira, ou seja, não acompanhava nem o nacionalismo, nem os movimentos vanguardistas da época, como o dodecafonismo. Sua obra dialoga com o atonal e o politonal, com a incorporação de melodias indígenas e com o impressionismo de Debussy de forma independente, sem aderir a nenhum dogma.

Além da avaliação positiva dos críticos, outro sinal de reconhecimento de sua obra foram os dois prêmios que conquistou como compositora. Em 1936, Helza se inscreveu no concurso para quartetos e orquestra promovido pelo Departamento de Cultura do Estado de São Paulo, dirigido por Mário de Andrade (1893-1945). Fez sua inscrição assinando apenas as iniciais do seu nome: H. C. A compositora concorreu com 16 candidatos e recebeu o segundo lugar com o *Quarteto em si maior*. Vale notar que apenas sua obra foi premiada, não houve primeiro nem terceiro lugares; somente duas menções honrosas às obras do carioca Ernani Braga e do paulista Assuero Guarritano (1889-1955).

Foi o próprio Mário de Andrade que escreveu à compositora, comunicando-a do prêmio e da organização do "Concerto Público" no qual apresentaria sua obra. O quarteto de Helza foi executado em primeira audição no Teatro Municipal de São Paulo, no dia 10 de maio de 1937. Para a rápida viagem a São Paulo, visto que sua mãe estava muito doente, além da companhia de Julieta, o pai exigiu que Helza (na ocasião com 34 anos), fosse acompanhada também pela pianista e amiga da família, a compositora Amélia de Mesquita:

> Quando eu fui a São Paulo, depois do concurso do departamento, eu fui com a Julieta, minha afilhada, porque ela era menina, podia passear. Meu pai convidou dona Amélia Mesquita para me acompanhar? (risos) Pô! Mas a questão é que eu já trabalhava e tudo isso

---

27 Fonte: CUNHA, João Itiberê da. *Correio da Manhã*. Rio de Janeiro, 20.11.1943, *ibidem*.

160 Dalila Vasconcellos de Carvalho

(...) mas era aquele cuidado, aquele receio que acontecesse alguma coisa, né.[28]

O programa do concerto ressaltou a combinação de melodias populares com as técnicas eruditas de composição como uma das qualidades da peça, o que demonstra, mais uma vez, que Helza não ignorava as práticas composicionais em voga, sobretudo no que refere à incorporação de elementos "nacionais" na música "erudita":

O departamento de cultura apresenta hoje a primeira obra das premiadas nos concursos musicais do ano passado o Quarteto em Si maior, da compositora carioca Helza Camêu. Trata-se de um trabalho valioso em que se percebe o esforço muito inteligente feito pela compositora para *acomodar as melodias nacionais* e os *nossos processos populares* de *acompanhamento instrumental* às exigências *técnicas do quarteto de cordas*. Os temas são sempre muito bem inventados, *bem característicos* e duma deliciosa frescura. Dos três tempos de que se compõe este Quarteto. *[grifos meus]*[29] Com a realização do concerto, a relação entre Mário e Helza parecia encerrada. Contudo, há dois conjuntos de cartas trocadas entre eles: o primeiro motivado pelo extravio pelo correio de duas composições;[30]

---

28 Fonte: CAMÊU, Helza. *Depoimento à posteridade.* Rio de Janeiro: Museu da Imagem e do Som do Rio de Janeiro, 16.03.1977.

29 Fonte: Programa do "17º Concerto Público do Departamento Municipal de Cultura." São Paulo: Divisão de Música e Arquivo Sonoro, Fundação Biblioteca Nacional, 10.04.1937.

30 Helza, antes de retornar ao Rio de Janeiro, solicitou a Mário a devolução das partituras do quarteto premiado e do poema sinfônico *Yara*, que ela também havia inscrito no concurso para orquestra. Quando, enfim, Mário mandou o pacote com as obras em questão pelo correio, ele foi extraviado. Helza ficou extremamente preocupada, pois se tratava dos originais do poema sinfônico *Yara*, não havendo cópias. Trocaram cartas até que o pacote fosse encontrado por acaso em um depósito do correio no Rio de Janeiro. Helza não esperava que Mário mandasse as obras pelo correio e sim por uma pessoa de confiança. Tendo confiado a devolução das obras a Mário de Andrade e não ao Departamento de Cultura, a compositora se aborreceu com o tom impessoal das cartas do poeta ao tratar do assunto.

O gênero da música 161

o segundo, pelo desejo da compositora de realizar um concerto em São Paulo, analisadas a seguir.

Dois meses depois da apresentação de sua obra premiada pelo Departamento, Helza escreve novamente a Mário de Andrade solicitando seu apoio para a realização de um concerto na cidade de São Paulo, onde pretendia apresentar sua obra para piano e orquestra, o poema sinfônico *Yara*:

> Como a *ambição* e a *audácia* são fatores *indispensáveis* à vida do artista estou certa que você me compreenderá e, ainda uma vez, terá a bondade de emprestar uma informação. Conforme já tive ocasião de lhe comunicar tenho um recital organizado, faltando apenas o pianista e um bom quarteto vocal. Mas, como a temporada lírica extraordinária somente encerra-se em novembro creio que este ano não mais será possível a realização do concerto que poderá ser dado em melhores condições em principio da temporada de 1938. Mas de qualquer forma seria bem agradável poder fazer executar o mesmo recital aí em São Paulo. Por isso, peço-lhe o obséquio de me informar *se acha possível a minha ideia e no caso afirmativo em que condições.* O programa mostrará do poema sinfônico Yara, *concerto para piano e orquestra* e de uma cantata – Terra de sol– (...) para *orquestra, coro, solos e um quarteto vocal. Lorenzo Fernandez,* o mestre e amigo sincero *reputa a cantata um trabalho digno de atenção (perdoe-me a falta de modéstia).* Por todo esclarecimento que você puder me dar sou-lhe, antecipadamente, profundamente grata. Saudações cordiais [*grifos meus*][31]

Entusiasmada com o prêmio e com o tratamento dispensado à sua obra premiada no concerto pelo Departamento de Cultura, Helza arrisca-se, pedindo sutilmente o apoio e a ajuda de Mário de Andrade para realizar uma ambição maior: ver executada duas obras de grande estrutura formal, o poema sinfônico *Yara* (orquestra) e a cantata *Terra de Sol* (orquestra, coro e solistas). Não hesitou em recorrer inclusive ao prestígio de seu professor Lorenzo Fernandez para atestar a qualidade de sua

---

31 Fonte: CAMÊU. H. [Carta] 30.08.1937, Rio de Janeiro [para] ANDRADE, M. São Paulo. Divisão de Música e Arquivo Sonoro, Fundação Biblioteca Nacional.

O gênero da música 163

executar obras que exigiam uma estrutura maior como orquestra e coro. Observe-se que, no concerto de 1934, são apresentadas obras de pequena escala: canções, prelúdios e peças de câmara. Assim, devido à falta de apoio do Departamento de Cultura e, consequentemente, aos altos custos com os quais deveria arcar – os cachês dos músicos, por exemplo – a compositora desistiu definitivamente de realizar o concerto. O poema sinfônico *Yara* jamais foi executado.

Anos mais tarde, em 1943, Helza decide participar do concurso para compositores brasileiros, promovido pela Orquestra Sinfônica Brasileira e pelo Departamento de Imprensa, com o poema sinfônico *Suplicio de Felipe dos Santos*, sobre texto do escritor Gastão Penalva (1887-1944). A obra, composta em 1937, é a primeira parte da obra *Quadros Sinfônicos*, que possui mais dois poemas sinfônicos: *Vila Rica* e *Consagração dos Mártires*, composta a pedido de Gastão Penalva, que enviou à compositora um texto sobre a Inconfidência Mineira. Em maio de 1938, ao receber a obra acabada, o escritor escreve à compositora elogiando-a pelo trabalho de "mulher" e "artista":

> Prezada senhora e ilustre artista, muito e afetuosa saúdas. Uma simples comunicação telefônica não desse do meu encanto e da minha honra ao receber a sua grande obra musical, e em pleno original. Tenho em casa também, para guardar, a maquete de um instrumento que idealizei para Ouro Preto e representa, em escultura, o que é a sua sinfonia em música. Muita inspiração, muita grandiosidade e muito esforço artístico. Ambas me desvaneceram bastante, pela atenção e confiança que me dispensaram. Mas no seu caso, estou amplamente honrado. Foram mãos de mulher e de artista que me escolheram para guardar de tão registro tesouro (...).[33]

A compositora se inscreveu "escondida" do pai e sob o pseudônimo Jó.[34] Desta vez, sua obra recebeu o primeiro prêmio; o segundo lugar foi

---

33 Fonte: PENALVA, G. [Carta] 22.05.1938, Rio de Janeiro [para] a CAMÊU, H. Rio de Janeiro, *ibidem*.

34 Fonte: CAMÊU, Helza. *Depoimento à posteridade*. Rio de Janeiro: Museu da Imagem e do Som do Rio de Janeiro ,16.03.1977.

166 Dalila Vasconcellos de Carvalho

anos 1940, a troca de nomes[38] atendia a um expediente prático: proteger o nome da família, visto que as atrizes eram associadas às "mulheres de vida fácil" ou "de moral duvidosa"; e simbólico, pois ao ocultar o nome da família, permitia o acesso a uma nova identidade, no caso de serem bem-sucedidas (*idem*, p. 156).

O que Helza Camêu pretendia esconder com o uso de pseudônimos nos concursos dos quais participou? A hipótese é que ela queria garantir um julgamento isento de possíveis desconfianças ou receios advindos do fato de ser mulher. Helza queria ser julgada pelo seu trabalho de "artista", e não de "mulher", daí o uso do pseudônimo Jó. Se o prêmio obtido no concurso de 1936 deu-lhe segurança para tentar realizar um concerto em São Paulo, o segundo acentuou-lhe o sentimento de desânimo e frustração revelado na entrevista de 1977, em que fala sobre a "reserva" que pesava sobre as compositoras e o significado "relativo" dos concursos em sua carreira:

> Mas eu sinto certa *reserva, eu sinto*. Porque quando eu concorri ao concurso da sinfônica [OSB], eu concorri com *pseudônimo masculino*. Me deram o prêmio, mas nunca mais eu tive a execução da peça. (...) Houve a apresentação, Deus sabe como! (...) De maneira que, (...) penso sim que há uma certa reserva (...) E eu digo a você, os concursos pra mim tem um valor muito relativo porque eu tenho a impressão [de] que o concurso é uma promoção da entidade ou do diretor desta entidade (...). [o premiado] só ouve uma vez ou duas, como foi em São Paulo, eu ouvi duas vezes. (...) *É premiado, tocado e arquivado. [grifos meus]*[39]

Ainda em 1946, Helza, aos 43 anos, ingressa na Academia Brasileira de Música para ocupar a cadeira 19, cujo patrono era o compositor Brasílio Itiberê da Cunha. Seu nome foi indicado por Lorenzo Fernandez. Em 26

---

38 A autora ressalta que a troca de nome era feita por aquelas cujo nome da família não representava um capital simbólico no teatro, como o caso da atriz Bibi Ferreira, filha do ator Procópio Ferreira.

39 Fonte: CAMÊU, Helza. *Depoimento à posteridade*. Rio de Janeiro: Museu da Imagem e do Som do Rio de Janeiro, 16.03.1977.

O gênero da música   167

de agosto, a compositora escreve ao compositor agradecendo o convite para levar sua "modesta colaboração" à Academia:

> Respondendo a sua consulta relativa à apresentação de meu nome nas próximas eleições da academia de música. Tenho o prazer de lhe comunicar que na hipótese de ser aceita a indicação sentir-me-ei lisonjeada em poder levar a essa academia a minha *modesta colaboração*. Atenciosamente Helza Camêu. *[grifos meus]*[40]

De acordo com o que foi apresentado até aqui, pode-se dizer que, a partir de sua estreia como compositora em 1934, Helza dedicou-se com afinco à sua carreira de compositora: realizou três concertos de obras suas, em 1934, 1936 e 1943, participou de dois concursos, tendo sido premiada nos dois. Em termos de produção, entre 1936 e 1943, compôs um terço de toda sua obra musical. Estimulada pelo prêmio de 1936, sua produção que, até então, se destinava à voz, a instrumentos solistas ou a pequenos grupos instrumentais, voltou-se para orquestra e para conjuntos de câmara maiores (DUTRA, 2001, p. 29).

Embora não ignorasse o "movimento e as tendências" da época, como disse JIC, não podemos dizer que a obra de Helza se inclua no "(...) nacionalismo modernista que se desenvolveu e se tornou hegemônico na música brasileira entre as décadas de 1920 e 1950 e que teve em Heitor Villa-Lobos seu expoente máximo." (PEREIRA, 2007, p. 22). Ainda que a compositora tenha passado pelo curso de Canto Orfeônico ministrado por Villa-Lobos no Rio de Janeiro em 1932[41] e tenha mantido uma relação de amizade com o compositor em virtude das reuniões da Academia Brasileira de Música, em que riam, brigavam, discutiam – tudo ao mesmo

---

40   Fontes: CAMÊU, H. [Carta] 26.08.1946, Rio de Janeiro [para] FERNANDEZ, O. L. Rio de Janeiro. Academia Brasileira de Música.

41   Com o apoio de Getúlio Vargas, o canto orfeônico tornou-se obrigatório em todas as escolas municipais. Helza chegou a dar aulas em uma escola municipal, mas logo se afastou por discordar dos rumos tomados pelo projeto.

170   Dalila Vasconcellos de Carvalho

(2001), entre 1947 e 1960, Helza não compôs nenhuma obra de estrutura formal mais elaborada.

Musicologia: um desvio de rota

De 1950 em diante, Helza passa a exercer diversas funções: musicóloga, conferencista, pesquisadora, discotecária e redatora, algumas vezes, ocupando postos recém criados no bojo do processo de criação e consolidação das instituições públicas iniciado no governo de Getúlio Vargas (1930-1945).[45]

Em 1949, Helza dirige-se ao Serviço de Proteção ao Índio para retomar as pesquisas sobre música indígena que iniciara em 1929. Tudo começou quando, pretendendo inscrever-se em um concurso de canto coral promovido pela Prefeitura do Rio de Janeiro (que nunca se realizou), foi até o Museu Nacional à procura dessas gravações de música indígena realizadas em 1912 por Roquette Pinto. Buscava retirar da música indígena novos temas para a construção de uma obra coral (DUTRA, 2001, p. 18). Roquette Pinto, então diretor do Museu Nacional, recebeu-a, ajudando-a em sua pesquisa, embora ela nunca tenha sido oficialmente sua aluna; recebeu dele, assim, a orientação necessária para começar e ampliar sua pesquisa sobre música indígena. Outra pessoa que a ajudou em suas pesquisas no Museu foi a antropóloga Heloisa Alberto Torres.[46]

O interesse da compositora pelo estudo da música indígena é bem anterior a sua atuação profissional como musicóloga, tendo sido despertado, segundo ela, no ambiente familiar. Entre 1912 e 1913, seu pai Francolino hospedou o engenheiro alemão Dr. Niebler, que começara a trabalhar no Museu do Índio. Lá, conheceu Cândido Mariano da Silva Rondon (1854-1958), que na época realizava expedições à região amazônica. Interessado nas expedições, Dr. Niebler logo passou a fazer parte delas e quando retornava à casa da família Camêu, as conversas sobre suas experiências junto aos povos indígenas entusiasmavam a pequena Helza,

---

45   Em 1950, Getúlio Vargas é eleito presidente da República; é o seu retorno ao poder após o fim da Era Vargas.

46   Fonte: *idem*.

172   Dalila Vasconcellos de Carvalho

e revistas especializadas. Seu primeiro artigo "Apontamentos sobre música indígena" aparece, em 1950, no jornal *Tribuna da Imprensa* do Rio de Janeiro.

Um pouco mais tarde, é requisitada pelo Museu Nacional do Rio de Janeiro, onde fez a catalogação e análise do acervo de instrumentos musicais. Participou, ainda, em 1964, da organização, juntamente com a naturalista Maria Eloísa Fenelon Costa (1927-1996), da exposição da coleção de 200 instrumentos indígenas promovida pelo departamento de Antropologia do Museu Nacional.[50] Dois trabalhos contribuíram para o amplo (re)conhecimento como musicóloga: o artigo *Valor histórico de Brasílio Itiberê da Cunha e sua fantasia característica: A sertaneja*, publicado em 1970, e o livro *Introdução ao Estudo da música Indígena Brasileira*, concluído pela autora em 1972, mas só editado em 1977. Com esta obra, Helza recebeu o Prêmio Especial da Caixa Econômica Federal, conferido à melhor interpretação da cultura brasileira.

Na década de 1960, quando Helza estava afastada da carreira de compositora, embora nunca tenha deixado de compor, volta a ser reconhecida como tal. As diversas atividades que realizava desde a década passada – os artigos publicados em revistas e jornais, as conferências, o programa da rádio MEC e também sua participação como jurada em concursos de piano –, longe de silenciarem a compositora, provocam um retorno de suas obras às salas de concerto, o que leva à divulgação ampla e inédita de sua obra. Em 1965, Helza realiza um concerto no Círculo de Arte Vera Janacópulos. No mesmo ano, o programa *Ondas Musicais* da Rádio Globo esteve dedicado à execução de parte de suas obras. A composição *Cidade Nova – Diálogos ao luar*, por sua vez, fez parte do álbum Música Moderna Brasileira,[51] gravado pela Odeon, única obra gravada em álbum durante a vida da compositora.[52] Em 1968, a obra *Cidade Nova* fez parte

---

50   Fonte: Muricy, Andrade. "Ficha dos Acadêmicos: Helza Camêu". In: *Jornal do Comercio*. Rio de Janeiro: Arquivo da Academia Brasileira de Música 1961.

51   No mesmo disco constavam também as obras dos compositores Villa-Lobos, Marlos Nobre e Lorenzo Fernandez.

52   Em 2005, o selo Rádio MEC, em comemoração aos 60 anos da Academia Brasileira de Música, lançou um CD comemorativo dedicado à obra de Helza Camêu.

O gênero da música   173

do programa de concerto que inaugurou a série "Música Moderna no Brasil" realizado na sala Cecília Meireles, no qual foram executadas obras de Villa-Lobos e Radamés Gnattali.

Olhemos rapidamente para duas críticas à obra da compositora nessa fase: a primeira, publicada em 4 de novembro de 1965, no *Jornal do Brasil*, na qual Renzo Massarani (1898-1975) escreve sobre o concerto de câmara realizado no Círculo de Arte Vera Janacópulos, e a segunda, de 12 de janeiro de 1966, do *Jornal do Comercio*, na qual Andrade Muricy (1895-1984) reproduz o texto que escrevera para apresentar ao público a compositora Helza Camêu no programa da Rádio Nacional *Ondas Musicais* que foi ao ar no final de 1965.

Muricy e Massarani, além de críticos musicais de jornais importantes, eram amigos pessoais de Helza Camêu, que os acompanhava nos concertos. Talvez por essa razão, a imagem projetada por eles sobre a amiga apresente tantos aspectos reveladores da personalidade de Helza Camêu, nessa época, uma mulher de 62 anos de idade, solteira, de pais já falecidos, morando com a filha adotiva, Julieta, em um apartamento alugado em Copacabana. A tarefa dos críticos consistia em explicar aos leitores quem é essa compositora, mais conhecida como musicóloga, que não é nem estreante, nem amadora. Como justificar sua ausência das salas de concertos? A pergunta que Renzo Massarani pretende responder indica que a compositora Helza era, de fato, uma ilustre desconhecida:

> Quem é Helza Camêu? Antes de mais nada, *não é uma amadora*. Estudou harmonia, contraponto, fuga e composição; trabalha intensamente, *como musicista*, na *rádio MEC*, no *Museu do Índio*, no *Museu Nacional*, pertence à *Academia Brasileira de Música*. Apesar disso, *sua obra continua quase que desconhecida* e é bem possível que até um ou outro dos seus companheiros e amigos se aproximassem do concerto de sexta-feira, com certas *dúvidas* e *receios*. *Porque a compositora teria preferido manter-se tão longe do campo de batalha de todo músico, a sala de concertos? Por duvidar, ela também? Por um*

174 Dalila Vasconcellos de Carvalho

pouco de altivez diante do volgo sciocco que deveria julgá-la? [grifos meus][53]

A grande dificuldade do crítico é explicar ao leitor a carreira multifacetada na qual Helza desempenhou diversos papéis: compositora, redatora e musicóloga. Ele parece sugerir que Helza escolheu afastar-se das salas de concerto, "campo de batalha" de todo o músico. Restaria conhecer suas motivações: insegurança ou orgulho?

No trecho seguinte, para não deixar dúvidas de que Helza não era uma amadora, o crítico faz uma análise pormenorizada das obras executadas, cujas qualidades "técnicas" servem para confirmar a competência da compositora, afastando-a por completo dos "amadorismos fáceis" e "diletantismos". Para ele, sua "musicalidade" não possui os traços da timidez ou da insegurança que por ventura poderiam explicar a saída de cena; ao contrário, mostram a firmeza de seu caráter:

> Entretanto, neste dias de *amadorismos fáceis* e de *diletantismos* invadindo, presumindo, o caso de Helza Camêu é tão límpido como a água de que ela, nas suas músicas, parece gostar tanto. As canções cantam longe dos *melosos lugares comuns dos amadores* e bastariam para evidenciar um *severo domínio técnico*, que *não se improvisa* e que encontra uma *confirmação* definitiva na construção e difícil, da Sonata para fagote e piano; e nos substanciais e espontâneos contrapontos a duas vozes dos Diálogos entre clarinete e fagote. A *técnica*, está claro, não basta para fazer um músico; *mas nenhum músico existe fora da técnica*; hoje, menos que nunca. A *musicalidade* desta compositora *não é tímida* (como faria pensar seu longo *silêncio*) e não falta de um *seu caráter bem demarcado*. [grifos meus][54]

Andrade Muricy, por sua vez, ao apresentar a compositora, primeiro, aos ouvintes do programa *Ondas Musicais* e depois aos leitores do *Jornal do Comercio*, situa a compositora em um contexto mais amplo da "raridade da criação artística" como decorrência de processos históricos e

---

53 MASSARANI, Renzo. "Coluna Música". In: *Jornal do Brasil*. Rio de Janeiro, Academia Brasileira de Música, 04.11.1965.

54 Fonte: *idem*.

O gênero da música 175

sociais de exclusão que afetaram, principalmente, a "arte da composição musical", quando, em outras áreas artísticas, algumas "notáveis" e outras "geniais", artistas já se destacavam:

> A *raridade da criação artística de autor feminino em todo mundo é notória, resultante do peso das sucessivas conjunturas sociais e históricas,* – ainda neste momento inibitórias, apesar das importantes conquistas de todos sabidas, – demarcou também a *arte da composição musical,* quando já desde muito presenças triunfais indicavam a presença de *notáveis,* e até mesmo *geniais artistas femininas* na *Poesia* (Narusa Amália, Francisca Júlia, Gilka Machado, Cecília Meireles), no *Romance* (Julia Lopes de Almeida, Clarice Lispector, outros), na *Pintura,* na crítica, na crônica jornalista... *Na música?* Branca Bilhar, Clorinda Rosato, Dinorá de Carvalho, Esther Scliar, outras ainda. *Não me refiro a intérpretes,* mas a *criadoras.* E dentre estas, e de *primeira plana, duas cariocas:* a *extraordinária Chiquinha Gonzaga,* e a *compositora* cujas obras camerísticas *ireis ouvir hoje,* numa mostra que representa um *privilégio* para o grande público radiofônico do Brasil: *Helza Camêu. [grifos meus]*[55]

Entre as "criadoras", Chiquinha Gonzaga aparece como referência e, ao seu lado, está Helza Camêu. Assim como Massarani, Muricy atribui o desconhecimento do nome de Helza a uma escolha pessoal da compositora. Do mesmo modo, ressalta sua formação musical enumerando os nomes dos professores e das instituições das quais foi aluna, e descreve sua atuação profissional como conferencista e musicóloga:

> *Privilégio,* porque somente depois de cumprida uma carreira frutuosa e da mais elevada distinção, esta artista *consentiu* em que, afinal, seja a sua obra mais *amplamente divulgada. Aluna de* Alberto Nepomuceno, Francisco Braga, Lorenzo Fernandez; *Medalha de Ouro,* 1º prêmio de piano, da Escola Nacional de Música, tendo estudado composição no *Conservatório Brasileiro de Música,* promoveu cursos de divulgação musical na *Associação Brasileira de*

---

55 Fonte: MURICY, Andrade. "Helza Camêu nas Ondas Musicais". In: *Jornal do Comércio.* Rio de Janeiro, Divisão de Música e Arquivo Sonoro, Biblioteca Nacional, 12.01.1966.

176 Dalila Vasconcellos de Carvalho

Imprensa e na *Associação de Artistas Brasileiros*. Especializou-se em música indígena, colaborando com a *Divisão de Musicologia do Museu Nacional* e no *Museu do Índio*, do que resultou importante *obra, inédita* ainda, de musicologia indígena. Exceção feita da execução do seu Quarteto de cordas da Sonata para violoncelo e piano e de algumas canções de câmara, praticamente a *sua obra tem permanecido ignorada do próprio meio musical*. A sua produção afirma-se *duma excepcional maturidade de concepção e de realização, o mais distante possível do amadorismo que infirma a quase totalidade das obras de compositoras femininas entre nós*. [grifos meus]

Apesar de Andrade Muricy ter iniciado seu texto apontando os aspectos históricos e sociais como "inibidores" da criação entre as mulheres, no final, para afirmar a "excepcionalidade" da obra de Helza, atribui ao seu talento individual a capacidade de romper com o "amadorismo" predominante entre as mulheres: este deixa assim de ser o efeito de condicionantes sociais, para se tornar uma condição feminina.

Não parece casual o esforço empreendido pelos dois críticos para afastar Helza Camêu do rótulo de "amadora", pois ela era uma artista obscura para o público. Os dois críticos justificam sua ausência das salas de concertos, dos discos e das edições em virtude de uma escolha pessoal, deixando entrever que Helza tinha tudo para ser uma compositora plena. A formação musical sólida obtida com professores e em instituições renomadas, o prêmio como pianista, a consistência técnica e musical de sua obra composicional descritos por ambos parecem indicar que Helza se desviou de uma rota que seria a sua: a carreira como compositora.

Ao contrário da hipótese sugerida pelos críticos, Helza não guardou suas composições a sete chaves, como vimos. Até 1946, ela se dedicou exclusivamente à carreira de compositora, compondo e lutando para que sua obra fosse ouvida. Ainda que tenha obtido reconhecimento no meio "erudito" do Rio de Janeiro, não conseguiu consolidar-se como tal: não se projetou nem em função da sua obra nem em decorrência de um cargo institucional importante, como no caso de Joanídia Sodré. A ausência da compositora Helza Camêu das salas de concertos e sua entrada na pesquisa musicológica na década de 1960, longe de expressar uma opção pessoal inequívoca, é consequência de uma inflexão na trajetória da compositora

O gênero da música   177

e da construção de novas posições em outros "campos de batalha" desde os anos 1950. De qualquer modo, a imagem da artista resignada, projetada pelos amigos Andrade Muricy e Renzo Massarani, parece significativa, menos por expressar a "verdade" sobre os fatos, mas por estar em consonância com a imagem que a própria Helza fazia de si mesma: ela se via como uma compositora fracassada, desviada de sua rota.

"Uma caminhada de curta extensão"

Em 1961, Andrade Muricy pediu a Helza que esclarecesse algumas informações sobre sua carreira, pois seria publicado no *Jornal do Comercio* uma ficha dos membros da Academia Brasileira de Música. Helza redigiu uma carta de próprio punho, relatando toda sua carreira artística em um exercício de memória, em que seleciona e organiza sua biografia. O que chama atenção nesta curta "autobiografia" é o último parágrafo encerrado com um tom de frustração e fracasso:

> Bem pouco tenho mais a dizer. Só posso acrescentar que em tudo tem havido *falta de continuidade* motivada por *causas ora justas, ora inesperadas* e *insuperáveis* que sempre *acabaram por me afastar* do *alvo visado.* [grifos meus][56]

Helza diz apenas que foi desviada, sem deixar claras as causas e o "alvo visado". Afinal, qual era o seu objetivo? Continuar a carreira de pianista? Não ter deixado em segundo plano a carreira de compositora? Ter feito a pesquisa de campo entre os Carajás?

Essa imagem de uma compositora frustrada pode ser encontrada em outros dois manuscritos, também da década de 1960: um sobre a trajetória da pianista Guiomar Novaes e outro sobre a cantora Bidu Sayão. O artigo sobre esta última foi escrito em 1962 para uma conferência que nunca se realizou, segundo anotações da própria Helza. Já o texto de Guiomar parece ter sido escrito no mesmo período, provavelmente para o programa da rádio MEC.

---

56 Fonte: CAMÊU, H. [Carta] 27.02.1961, Rio de Janeiro [para] MURICY, A. Rio de Janeiro, *ibidem.*

Helza se propõe a analisar a carreira de Guiomar e Bidu como uma história de sucesso que se desenrola desde o surgimento da "vocação", no qual todos os acontecimentos e aspectos de suas vidas são organizados com um único sentido (realizar a vocação) e de modo coerente (com o sucesso) produzindo uma identidade fixa e coerente (o artista). Ao falar dessas mulheres, Helza faz uma reflexão sobre sua própria carreira musical, nas entrelinhas, em contraposição às carreiras de ambas, definidas por ela em duas palavras: "sucesso ininterrupto". O que teria faltado a ela própria para ser uma artista de renome? Em outras palavras, quais teriam sido as causas "justas", "inesperadas" e "insuperáveis" de seu fracasso como compositora? Este parece ser o mote implícito que organiza a economia interna desses textos.

Ao expor seu próprio "fracasso", Helza revela um modelo de "sucesso" subjacente à sua reflexão, em que ela expressa as convicções que a atravessam, o *"ethos* de artista". Desse modo, podemos dizer que ela constrói um modelo de sucesso analisando os seguintes aspectos na trajetória de Bidu e Guiomar: a revelação da vocação, o ambiente familiar, a personalidade, a formação musical e a carreira.

Não por acaso, ela começa a reflexão sobre a carreira das duas artistas pela revelação precoce da vocação. Entretanto, para ela, se na esfera pessoal a vocação surge como uma força irresistível, na esfera social ela depende de certos fatores, como o ambiente familiar:

> Não há dúvida que a *força de uma vocação se impõe*, mas em parte *depende* do *meio* em que se desenvolve. As *revelações precoces* em sua maioria acabam enveredando por dois *caminhos*: ou se tornam *individualidades* absolutamente *normais* (o que é ainda aceitável) ou se convertem em verdadeiras *nulidades* (o que é sempre de lamentar). E, infelizmente, nesta última categoria se enquadra grande parte das crianças talentosas que *por um momento atravessaram uma fase brilhante. [grifos meus]*[57]

---

57 Fonte: Camêu, Helza.; Guiomar Novaes, s/d. (manuscrito). Divisão de Música e Arquivo Sonoro, Biblioteca Nacional.

O gênero da música   179

Ao dar ênfase ao papel da família na construção dos caminhos para a vocação, inegavelmente ela se remete ao excesso de zelo dos pais em torno da única filha, à falta de compreensão e apoio do pai criaram entraves ainda maiores à sua profissionalização. No artigo sobre Bidu Sayão, a compositora é ainda mais enfática sobre o papel decisivo do "ambiente" na vocação, tomando-o agora em um sentido mais amplo, isto é, em relação aos "fatores" sociais:

> O fato de possuir *qualidades marcantes* nem sempre é garantia segura do *triunfo completo*. Longe disso. Há *fatores negativos* que *sufocam iniciativas*, *decisões* que *anulam talentos* que às vezes desaparecem do cenário deixando apenas pálida lembrança (quando deixam). O desaparecimento desses talentos assemelha-se a passagem de *meteoros*; luzem por momentos e logo se apagam. *Não* realizam *propriamente* uma *carreira*, mas uma *caminhada de pequena extensão*. *[grifos meus]*[58]

Helza mostra que a vocação em si não é o suficiente, ao contrário, pode ser anulada pelas dificuldades existentes até a chegada aos palcos. No caso de Bidu foi necessário vencer "três lutas", uma contra si própria para provar que sua voz não era inadequada para uma cantora lírica e outras duas, com a família e sociedade, para superar as barreiras impostas à conduta feminina pela sociedade:

> Para chegar a pisar os palcos europeus, Bidu Sayão teve que enfrentar dificuldades e travar *três lutas decisivas*: com a *família*, com a *sociedade* e mais uma terceira, a mais difícil por se relacionar *com a sua própria pessoa*- a questão vocal. Se na primeira contou com o apoio do Dr. Alberto Costa, seu tio, que teve bastante habilidade para convencer à família de que uma *vocação nunca deverá ser contrariada*; a segunda, não foi tão fácil de vencer devido *aos preconceitos* conservados pela sociedade da época em relação *às mulheres no teatro*. E a oposição da família prendia-se justamente aos prejuízos que lhe poderiam advir com a carreira escolhida. Naquele tempo uma jovem bem nascida ser atriz representava um passo em falso,

---

58   Fonte: CAMÊU, Helza.; Bidu Sayão. 1962 (manuscrito), *ibidem*.

180   Dalila Vasconcellos de Carvalho

uma diminuição para dignidade da mulher, um atentado aos brios da sociedade. *[grifos meus]*[59]

A principal consequência desta visão que interdita a carreira artística às mulheres, segundo ela, é o amadorismo:

> *Preconceitos* dessa ordem certamente que *destruíram* muitas esperanças, *mataram* muitas vocações (...) Mas *não só o teatro era mal visto*. Também não admitiam a remuneração pela atuação em público de instrumentistas e cantores, tivessem ou não talento. Desse modo, firmou-se um conceito de falsa arte estimulando *o amadorismo* (o que infelizmente ainda perdura mesmo em agremiações cuja finalidade é realizar programas culturais. *[grifos meus]*[60]

Os problemas que ela levantou contradizem sua própria noção de sucesso, a tal ponto que Helza parece perguntar-se: como Bidu não desistiu da carreira? Como alcançou o renome? Se a princípio ela recorre a noção de "predestinação" (considerada a realização do dom como destino que se impõe ao indivíduo e à sociedade) para compreender a superação de tantos entraves, logo depois ao refletir sobre as diferenças entre vencidos e vencedores, ela mostra como a carreira também é fruto de uma batalha pessoal:

> Observando a vida artística de Bidu Sayão notamos que a trajetória de certos artistas parece *obedecer a uma predestinação*, pois nem o próprio indivíduo, nem *o preconceito*, menos ainda *o derrotismo* dos mal intencionados, consegue modificar. O interessante é que na mesma ocasião, no mesmo ambiente, outros aspirantes à carreira apresentam igualmente qualidades dignas de apreço que lhes poderiam favorecer caminho fácil. Mas apenas um só, entre todos consegue alçar-se, alcançando lugar de destaque, ascendendo a culminâncias da arte. Para esses, portanto, *já havia um encontro marcado* com a glória e o acontecimento ninguém poderia evitar. Poderemos logo imaginar que *há diferenças profundas* entre o que *vence* e os *que*

---

59   Fonte: *idem.*

60   Fonte: *idem.*

O gênero da música   181

se deixam vencer. Na resolução de não se deixar vencer está o segredo da vitória. [grifos meus][61]

Em outras palavras, a vocação por si só é insuficiente para garantir o êxito na profissão, é preciso decidir-se por ela antes de subir aos palcos. Neste sentido, no trecho à seguir Helza passa a descrever a estreia bem sucedida de Bidu no palco, ressaltando sua segurança diante do público:

> A *segurança* com que *enfrentou as cenas, o público,* venceu as dificuldades vocais da partitura *demonstrou,* desde logo, que ali havia uma *decidida vocação* à espera que o tempo se encarregasse de desenvolver e aperfeiçoar. Se naquele momento Bidu Sayão *fracassasse não faltariam críticas, recriminações* e certamente que daí em diante *os preconceitos,* as dúvidas se teriam *reforçado enormemente.* Mas Bidu Sayão *venceu* e o *orgulho* justificado que a sua vitória provocou fez com que se formasse uma nova mentalidade inteligente, liberal colocando as coisas em seus termos justos. *[grifos meus]*[62]

Mais uma vez, por contraste, podemos perceber o motivo que levou Helza a se afastar do piano e preferir a composição. Se os traços de personalidade que ela destaca em Guiomar e Bidu (a vontade, a ambição, a segurança e a coragem) já estavam presentes nestas duas artistas desde a estreia, quando já se impuseram, podemos dizer que Helza, ao contrário, deu margem à sua insegurança, à dúvida que somados ao seu pudor (ilustrado pela foto 1 pg. 115) transformou a exposição pública em um desafio ainda maior.

Já no que se refere à formação musical, para ela, a segurança é também consequência de muitas horas de estudos que garantem ao artista o domínio técnico e interpretativo do instrumento. Neste sentido, o professor deve apoiar e estimular o desenvolvimento do aluno levando em consideração sua individualidade. Vale lembrar que Helza sempre investiu em sua formação musical, dedicando-se com afinco aos estudos, mas não se considerava uma boa professora por ser impaciente:

---

61   Fonte: *idem.*

62   Fonte: *idem.*

182 Dalila Vasconcellos de Carvalho

A segurança com que enfrenta problemas de técnica pianística ou de interpretação é consequência natural de uma *severa formação musical.* As qualidades que a colocaram num *plano único entre as intérpretes mulheres e em igualdade de condições com os maiores pianistas em geral, não foram adquiridas mas desenvolvidas pelo estudo bem orientado que nunca a desviou de sua rota.* Guiomar Novaes teve poucos professores e esses, todos de inteligência capacitada para a arte e para o magistério: Antonietta Rudge, que lhe desvendou o mundo fantástico da música; *Luigi Chiaffarelli,* que lhe *amparou,* realmente, o talento excepcional não lhe molestando nem de longe a personalidade que já se fazia anunciar superiormente, Isidor Philipp que, igualmente, soube respeitar as convicções da discípula, bem cedo se mostrando deliciosamente intransigente (...) *[grifos meus]*[63]

Quanto à carreira, Helza narra um trajeto repleto de críticas sempre positivas, sobretudo as internacionais, a confirmar o talento excepcional de Guiomar e Bidu. Também aponta a autocrítica de Guiomar como um aspecto de seu compromisso com a "obra de arte". Contudo, é interessante ressaltar que, para Helza, uma carreira artística não se realiza apenas com o desejo e/ou sorte, representa uma escolha de vida que se impõe menos em razão do "amor pela arte" do que pela "vocação", exigindo muitos sacrifícios, especialmente das mulheres em razão da delicadeza que as constitui:

Isso não se alcança apenas com o *desejo de realizar,* isso não se acha comodamente *na esperança* que o acaso coloque o artista frente ao seu *ideal, não.* Isso representa, na vida de arte de nossa patrícia, *muita energia, muito sacrifício* não diremos *que apenas pelo amor à arte, mas sobretudo pela exigência de seu temperamento de sua vocação.* Uma vez, não nos lembramos quando, Bidu Sayão afirmou que *vivia e trabalhava pela arte, para arte e com a arte.* Eis aí um plano de vida que requer *energias duplicadas* especialmente para a *constituição delicada das mulheres. [grifos meus]*[64]

---

63 Fonte: CAMÊU, Helza.; GUIOMAR Novaes, s/d. (manuscrito). Divisão de Música e Arquivo Sonoro, Biblioteca Nacional.

64 Fonte: CAMÊU, Helza.; BIDU Sayão. 1962 (manuscrito), *ibidem.*

Considerações finais

A VOCAÇÃO CONCEBIDA COMO UM DOM EXCEPCIONAL que se impõe ao músico que cria suas obras exclusivamente em virtude deste talento inato, faz com que se perca de vista o conjunto de práticas e representações sociais constitutivas da experiência do artista. Inatingível na figura do "criador incriado", os músicos são normalmente retratados em biografias que procuram desvendar os caminhos de sua genialidade.

Quando se trata da vida de mulheres artistas, o mote da biografia é reconstruir sua história ou para mostrar que foram excluídas, ou para salientar o pioneirismo das mesmas. É comum que tanto a perspectiva do "resgate" quanto a do "pioneirismo" não questionem o modelo vocacional subjacente às propostas, dando ênfase ao dom ora para questionar a exclusão, ora para justificar o surgimento de "notáveis" mulheres.

O trabalho procurou mostrar justamente que Helza e Joanídia não são nem pioneiras e menos ainda silenciadas ou excluídas da cena musical. Ao contrário, aqui ficou evidenciado que Joanídia e Helza corresponderam às aspirações, objetivos e atitudes que as posições de pianista, maestro, diretor, compositor e musicólogo comportavam, sendo reconhecidas pelos seus pares por isso.

186 Dalila Vasconcellos de Carvalho

Para compreender aquilo que parecia improvável, isto é, mulheres exercendo profissões masculinas, foi necessário primeiro reconstruir o cenário musical sob o enfoque dos estudos de gênero, pois a chave para compreender o processo que deu a estas mulheres o acesso a profissões "masculinas" estava no piano.

Os trabalhos sobre a história do piano no Brasil afirmam que sua prática é uma prenda doméstica posteriormente transformada em carreira profissional por algumas "raras" mulheres, mas não mostram que tal prática era a ponte entre carreiras "masculinas" e "femininas" e mais, que o piano, enquanto objeto, pode ser "feminino" ou "masculino".

Só foi possível compreender isto a partir da análise do retrato coletivo de três gerações de músicos, a contextualização histórica em épocas musicais ou a consideração das trajetórias separadamente são insuficientes para mostrar como a prática musical está inserida de modo diverso entre meninos e meninas.

A análise conjunta sobre artistas de três gerações mostrou que os limites entre carreiras "femininas" (intérprete-pianista) e "masculinas" (composição, regência e musicologia) vão sendo traçados e retraçados na interação entre homens e mulheres. Verificou-se que Helza Camêu e Joanídia Sodré constroem a si próprias e as suas trajetórias como mais "femininas" ou "masculinas", dependendo da posição social que ocupam. Vimos que ajustar o foco da reflexão sobre as duas musicistas permitiu observar que a experiência de artista é clivada por convenções prático-simbólicas acerca da "concepção vocacional da arte" e do gênero.

Nenhuma ação, nem mesmo nas artes, é neutra do ponto de vista do gênero. Procurei mostrar que não somente a obra (enquanto produto acabado do artista), bem como a performance, o ato de tocar ou de reger são compreendidos a partir da apreensão do corpo, produzidos de forma coerente com as convenções de gênero.

A análise da carreira de Helza e Joanídia para as quais o piano foi apenas uma ponte para carreiras mais comumente "masculinas" – a composição, a regência e a musicologia – mostrou que as fronteiras entre profissões "masculinas" e "femininas" são fluidas. Isto não significa dizer que as artistas não tenham enfrentado obstáculos; ao contrário, a figura ambígua projetada sobre Joanídia Sodré e o ponto de vista negativo de Helza

O gênero da música · 187

Camêu sobre sua própria trajetória revelaram os conflitos e os dilemas pessoais que cada uma enfrentou a seu modo e em lados opostos.

No universo reduzido da "música erudita" carioca, há indícios de que Helza e Joanídia se conheciam, mas uma não fazia parte do círculo de amizades da outra. Mais do que isso, elas faziam parte de grupos opostos nas disputas pelo renome no universo musical. Como vimos no episódio do manifesto contra a reeleição de Joanídia: Helza estava ao lado de Villa-Lobos, a figura que melhor performatizou o "gênio", "o criador incriado", assinando a carta que pedia a saída de Joanídia da direção da escola, cujo poder não advinha do carisma, mas da legitimidade da própria instituição.

Referências bibliográficas

Sobre Helza Camêu

Periódicos

Guanabarino, Oscar. "Teatros e Música." *Jornal do Commercio.* Rio de Janeiro: Divisão de Música e Arquivo Sonoro, Fundação Biblioteca Nacional, 24.10.1923.

_____. *Pelo mundo das Artes. Jornal do Comércio.* Rio de Janeiro, 31.10.1923, *ibidem.*

Cunha, João Itiberê da. *Correio da Manhã.* Rio de Janeiro, 12.12.1934, *ibidem.*

_____. *Correio da Manhã.* Rio de Janeiro, 24.09.1936, *ibidem.*

_____. *Correio da Manhã.* Rio de Janeiro, 20.11.1943, *ibidem.*

BEVILACQUA, Octavio. *O Globo.* Rio de Janeiro, 15.12.1934, *ibidem.*

IMBASSAHY, Arthur. *Jornal do Brasil.* Rio de Janeiro, s/d, *ibidem.*

Jornal Diretrizes. Rio de Janeiro, 15.04.1946, *ibidem.*

192 Dalila Vasconcellos de Carvalho

MASSARANI, Renzo. *Música. Jornal do Brasil*. Rio de Janeiro: Academia Brasileira de Música, 04.11.1965.

MURICY, Andrade. Ficha dos Acadêmicos: Helza Camêu. *Jornal do Comercio*. Rio de Janeiro, 1961, *ibidem*.

_____. Helza Camêu nas Ondas Musicais. *Jornal do Comércio*. Rio de Janeiro, 12.01.1966. Divisão de Música e Arquivo Sonoro, Fundação Biblioteca Nacional.

_____. Helza Camêu. *O Cruzeiro*. Rio de Janeiro, 18.04.1973, *ibidem*.

Biografia e memórias

CORREIA, Julieta. Manuscrito. Rio de Janeiro, 18.02.1998.

_____. Manuscrito. Rio de Janeiro, 02.04.2000.

DUTRA, Luciana. *Crepúsculo de Outono op. 25 nº 2 para canto e piano de Helza Camêu: Aspectos analíticos, interpretativos e biografia da compositora*. Dissertação de mestrado apresentada a Escola de Música da Universidade Federal de Minas Gerais, 2001.

_____. *Vocalise e canções*. Encarte do CD: Helza Camêu. Rio de Janeiro: Selo Rádio MEC, 1 disco (62min), AA1700, 2005

Entrevistas de Helza Camêu

CAMÊU, Helza. *Depoimento à posteridade*. Rio de Janeiro: Museu da Imagem e do Som do Rio de Janeiro, 16.03.1977.

_____. Entrevista à Lauro Gomes na Rádio MEC. Rio de Janeiro,(cópia cedida pela pesquisadora Luciana Dutra), 1991.

Outras Entrevistas:

CORREIA, Julieta. Entrevista concedida a Dalila V. de Carvalho. Rio de Janeiro, 19.03.2009.

O gênero da música   193

PEQUENO, Mercedes Reis. Entrevista concedida a Dalila V. de Carvalho. Rio de Janeiro, 07.11.2009.

DEVO, Noel. Entrevista concedida a Dalila V. de Carvalho. Rio de Janeiro, 20.11.2009.

Correspondências

ANDRADE, M. [Carta] 06.09.1937, São Paulo [para] CAMÊU, H. Rio de Janeiro. Resposta ao pedido de apoio. Divisão de Música e Arquivo Sonoro, Fundação Biblioteca Nacional.

_____. [Carta] 23.09.1937, São Paulo [para] CAMÊU, H. Resposta ao pedido de apoio, *ibidem.*

CAMÊU, H. [Carta] 30.08.1937, Rio de Janeiro [para] ANDRADE, M. São Paulo. Solicitando o apoio do Departamento de Cultura para realizar um concerto.

_____. [Carta] 09.09.1937, Rio de Janeiro [para] Andrade, M. São Paulo. Solicitando o apoio do Departamento de Cultura para realizar um concerto, *ibidem.*

_____. [Carta] 26.08.1946, Rio de Janeiro [para] FERNANDES, O. F. Rio de Janeiro. Agradecendo sua indicação para a Academia Brasileira de Música. Academia Brasileira de Música.

_____. [Carta] 27.02.1961, Rio de Janeiro [para] MURICY, A. Rio de Janeiro. Notas sobre sua carreira. Divisão de Música e Arquivo Sonoro, Fundação Biblioteca Nacional.

PENALVA, G. [Carta] 22.05.1938, Rio de Janeiro [para] CAMÊU, H. Rio de Janeiro. Agradecendo a pela composição, *ibidem.*

BALLARINY, P. [Carta] 29.10.1947, Caxambu [para] CAMÊU, H. Rio de Janeiro. Felicitando a compositora pela sua volta ao piano, *ibidem.*

194 Dalila Vasconcellos de Carvalho

Outros

Programa do "Concerto extraordinário – Composições de Helza Camêu".
Rio de Janeiro. Divisão de Música e Arquivo Sonoro, Fundação
Biblioteca Nacional, 08.12.1934.

Programa do "17º Concerto público do Departamento Municipal de
Cultura." São Paulo, 10.04.1937, *ibidem*.

Programa "10º Concerto Cultural da Série de 1943 – Programa de
Composições de Helza Camêu". Rio de Janeiro, 18.11.1943,
ibidem.

Fotos

1. Sentados (da esquerda para a direita): a cantora Ruth Corrêa, o
    compositor Lorenzo Fernandez e Helza Camêu. "10º Concerto
    Cultural da Série de 1943 – Programa de Composições de Helza
    Camêu". Rio de Janeiro, 18.11.1943. Divisão de Música e Arquivo
    Sonoro, Fundação Biblioteca Nacional.

Discografia

CAMÊU, Helza. Música Moderna Brasileira. Rio de Janeiro: Odeon, 1967.
1 disco (12 min) 3CBX442. Divisão de Música e Arquivo Sonoro,
Fundação Biblioteca Nacional.

_____. CAMÊU, Helza. Rio de Janeiro: Selo Rádio MEC, 2005. 1 disco
(62min). AA1700.

Artigos publicados de Helza Camêu:

CAMÊU, H. *Apontamentos sobre música indígena*. Rio de Janeiro: Tribuna
da Imprensa, 1950.

_____. "Sobre música indígena". *Revista do Conservatório Brasileiro de
Música*, nº 2. Rio de Janeiro, 1956.

O gênero da música   195

_____. "Um tema na música Brasileira". *Revista do Conservatório Brasileiro de música*, abril /junho, nº 7. Rio de Janeiro, 1957.

_____. "Apontamento sobre música indígena". *Revista do Ensino*. Rio Grande do Sul, 1959.

_____. "Notas sobre música indígena". *Revista Brasileira de Folclore*. Rio de Janeiro, 1962.

_____. "Mario de Andrade e a música brasileira". *Jornal das Letras*. Rio de Janeiro, fev-mar, 1965.

_____. Brasilio Itiberê, sobrinho. *Jornal do Comercio*. Rio de Janeiro, 1966.

_____. "Representantes da música colonial". *Jornal do Brasil*. Rio de Janeiro, 1968.

_____. "Valor histórico de Brasilio Itiberê da Cunha e sua fantasia característica: A sertaneja." *Revista Brasileira de Cultura*, nº 3. Conselho Federal de Cultura. Rio de Janeiro, 1970.

_____. "Instrumentos de música dos índios brasileiros." *Revista Brasileira de Folclore*. Rio de Janeiro, 1970.

Livro publicado de Helza Camêu:

CAMÊU, Helza. *Introdução ao estudo da música indígena Brasileira*. Rio de Janeiro: Conselho Federal de Cultura, 1977.

Manuscritos de Helza Camêu:

CAMÊU, Helza e NOVAES, Guiomar. Divisão de Música e Arquivo Sonoro, Fundação Biblioteca Nacional.

_____. Bidu Sayão, *ibidem*, 1962.

196   Dalila Vasconcellos de Carvalho

Sobre Joanídia Sodré

Periódicos

Gazeta do Comércio. Porto Alegre, 14.12.1908. Biblioteca Alberto Nepomuceno da Escola de Música da UFRJ.

O Tempo. Campos, 23.06.1909, *ibidem.*

————. Campos, 28.06.1909, *ibidem.*

Jornal do Brasil. Rio de Janeiro, 14.10.1909, *ibidem.*

O Paiz. Rio de Janeiro, 15.10.1909, *ibidem.*

Gazeta do Povo. Campos, 18.02.1910, *ibidem.*

Gazeta de Notícias. Rio de Janeiro, 15.10.1909, *ibidem.*

AMÁBILE, Luiz. "As questões que agitam o Instituto Nacional de Música – Um concurso que não se realiza por falta de comissão julgadora." *A Noite.* Rio de Janeiro, 05.09.1927, *ibidem.*

"Um escândalo no Instituto Nacional de Música. Os verdadeiros fins da viagem do maestro Assis Republicano a Porto Alegre." *Correio do Povo*, 09.07.1927, *ibidem.*

O Fluminense. Niterói, 18.07.1930, *ibidem.*

Diário de Noticias. Rio de Janeiro, 18.07.1930, *ibidem.*

Correio da Manhã. Rio de Janeiro, 19.07.1930, *ibidem.*

————. Rio de Janeiro, 06.10.1934, *ibidem.*

GONÇALVEZ, Armando. *Correio Fluminense.* Niterói, 27.07.1930, *Ibidem.*

NUNES, João. *O Globo.* Rio de Janeiro, 18.07.1930, *ibidem.*

IMBASSAHY, Arthur. *Jornal do Brasil.* Rio de Janeiro, 19.07.1930, *ibidem.*

O gênero da música   197

_____. *Jornal do Brasil*. Rio de Janeiro, 05.05.1931, *ibidem*.

Diário da Noite. Rio de Janeiro, 18.07.1930, *ibidem*.

BEVILACQUA, Octavio. *O Globo*. Rio de Janeiro, 05.05.1931, *ibidem*.

_____. *O Globo*. Rio de Janeiro, 30.06.1931, *ibidem*.

_____. *O Globo*. Rio de Janeiro, 10.06.1935, *ibidem*.

D'ALVA, Oscar. *O Globo*. Rio de Janeiro, 24.10.1938, *ibidem*.

CUNHA, João Itiberê da. "Concerto Sinfônico da Escola Nacional de Música". *Correio da Manhã*. Rio de Janeiro, 21.10.1938, *ibidem*.

"Façam concurso e ingressem na congregação da escola, se querem influir na sua vida." *O Jornal*. Rio de Janeiro, 10.12.1954, *ibidem*.

Recorte de Jornal sem título e data.
Biografia e memórias

Dantas, Luiz Ascendino. *Ligeiro Esboço Biográfico da Novel Regente: Homenagem ao Instituto Nacional de Música*. Rio de Janeiro: Biblioteca Alberto Nepomuceno da Escola de Música da UFRJ, 1930, p. 15-17.

Dados biográficos de Joanídia Sodré. Rio de Janeiro, O Radial, 01.05.1952, *ibidem*.

"Apontamentos Biográficos de Joanídia Sodré Diretora da Escola Nacional de Música da Universidade do Brasil". Rio de Janeiro, 1953, *ibidem*.

Entrevistas

NIRENBERG, Jacques. Entrevista concedida a Dalila V. de Carvalho. Rio de Janeiro, 20.11.2009.

198 Dalila Vasconcellos de Carvalho

Outros

Caderno de Música de Joanídia Sodré. "Aula de Contraponto". Biblioteca Alberto Nepomuceno da Escola de Música da UFRJ, 1920.

Programa de Concerto regido por Joanídia Sodré na Alemanha, 27.03.1930, *ibidem*.

Apelação Cível contra União Federal. Rio de Janeiro, 1934, *ibidem*.

Petição: Joanídia solicitando ao Ministro da justiça o direito de se defender. Rio de Janeiro, 24.10.1927, *ibidem*.

Brasil. *Diário Oficial*. Rio de Janeiro, 18.05.1927, *ibidem*.

Carta Manifesto contrário a Joanídia Sodré ao Exmo. Presidente da República. Rio de Janeiro, 03.12.1954, *ibidem*.

Abaixo-assinado em defesa de Joanídia Sodré dos professores da Escola Nacional de Música. Rio de Janeiro, 12.12.1954, *ibidem*.

Fotos

1. Convite da primeira apresentação de Joanídia Sodré no Rio de Janeiro, dado à ela por Júlia Cesar, 14.10.1909. Biblioteca Alberto Nepomuceno da Escola de Música da UFRJ.

2. Joanídia em aula na residência do professor Alberto Nepomuceno (s/d), *ibidem*.

3. Anúncio do concerto regido por Joanídia na Alemanha em 27.03.1930, *ibidem*.

Biografias e História da Música Brasileira

AULER, Guilherme. *Os bolsistas do Imperador: advogados, agrônomos, arquiteto, aviador, educação primária e secundária, engenheiros,*

O gênero da música   199

farmacêuticos, médicos, militares, músicos, padres, pintores, professores. Petrópolis: Tribuna de Petrópolis, 1956.

AZEVEDO, Luis Heitor Corrêa de. *150 anos de música no Brasil (1800-1950).* Rio de Janeiro: José Olympio, 1956.

BARONCELLI, Nilceia Cleide da Silva. *Mulheres compositoras.* São Paulo: Roswith Kempf Editores, 1987.

BARONI, Silvio Ricardo. *O intérprete pianista no fim do milênio.* Tese de doutorado apresentada ao Departamento de Música da Escola de Comunicações e Artes da Universidade de São Paulo, 1999.

BOCCANERA JÚNIOR, Sílio. "Perfil Biográfico de Luiza Leonardo". In: *Revista do Grêmio Literário* (edição fac-similar). Salvador: Artes Gráficas, [1903,1904] 1988, p. 414- 417, 438-444.

CARVALHO, Flávio Cardoso de. *Canções de Dinorá de Carvalho: uma análise interpretativa.* Dissertação de mestrado apresentada ao Instituto de Artes da Universidade Estadual de Campinas, 1996.

CACCIATORE, Olga Gudolle. *Dicionário Biográfico de Música Erudita Brasileira* Rio de Janeiro: Forense Universitária, 2005.

DINIZ, André. *Joaquim Callado: O pai do choro.* Rio de Janeiro: Zahar, 2008.

DINIZ, Edinha. *Chiquinha Gonzaga: uma história de vida.* Rio de Janeiro: Rosa dos Tempos, 2005.

FRANÇA, Eurico Nogueira. *Memórias de Vera Janacópulos.* Rio de Janeiro: Ministério da Educação, 1959.

GUÉRIOS, Paulo Renato. *Heitor Villa-Lobos.* Rio de Janeiro, FGV, 2003.

KATER, Carlos. *Eunice Katunda: musicista brasileira.* São Paulo: Annablume, 2001.

200   Dalila Vasconcellos de Carvalho

LEITE, Edson. *Magdalena Tagliaferro: testemunha de seu tempo*. São Paulo: Annablume, 2001.

LÉPRONT, Catherine. *Clara Schumann*. São Paulo: Martins Fontes, 1990.

LIMA, João de Souza. *Moto perpetuo: a visão poética da vida através da música*. São Paulo: IBRASA, 1982.

LIRA, Mariza. *Chiquinha Gonzaga: A grande compositora popular brasileira*. Rio de Janeiro: Funarte, 1978.

MACHADO, Cacá. *O Enigma do homem célebre: Ambição e vocação de Ernesto Nazareth*. São Paulo: Instituto Moreira Salles, 2007.

MARCONDES, Marcos Antônio (ed.). *Enciclopédia da Música Brasileira: popular, erudita e folclórica*. São Paulo: Art Editora e Publifolha, 2000.

MARIZ, Vasco. *A canção brasileira de câmara*. Rio de Janeiro: Francisco Alves, 2002.

_____. *História da Música no Brasil*. Rio de Janeiro: Nova Fronteira, 2005.

NOGUEIRA, Lenita Waldice Mendes. *Maneco Músico: Pai e mestre de Carlos Gomes*. São Paulo: Arte & Ciência/UNIP, 1997.

_____. *Nhô Tonico e o Burrico de Pau: a história de Carlos Gomes por ele mesmo*. Campinas: Prefeitura Municipal de Campinas, 2007.

ORSINI, Maria Stella. *Guiomar Novaes: uma arrebatadora história de amor*. São Paulo: C. I., 1992.

PAOLA, Andrely; BUENO, Helenita. *Escola de Música da Universidade Federal do Rio de Janeiro: História e Arquitetura*. Rio de Janeiro: UFRJ, 1998.

PEREIRA, Avelino Romero. *Música, Sociedade e Política: Alberto Nepomuceno e a República Musical*. Rio de Janeiro: UFRJ, 2007.

REZENDE, Carlos Penteado. (1970). Notas para uma história do piano no Brasil (século XIX). In: *Revista Brasileira de Cultura*, Rio de Janeiro, nº 6, p. 9-38.

ROCHA, Eli Maria. *Nós, as mulheres: notícias sobre as compositoras brasileiras*. Rio de Janeiro: Rabaço editora da autora, 1986.

SADIE, Julie Anne. e SAMUEL, Rhian. *The New Grove Dictionary of Women Composers*. Londres: Macmillan, 1996.

SHLOCHAUER, Regina. *A presença do piano na vida carioca no século passado*. São Paulo: Dissertação de mestrado apresentada ao Departamento de Música da Escola de Comunicações e Artes da USP, 1992.

SILVA, Eliana Maria de Almeida. *Clara Schumann: Compositora X Mulher de compositor*. Dissertação de mestrado apresentada ao Departamento de Música da Escola de Comunicações e Artes da Universidade de São Paulo, 2008.

TAGLIAFERRO, Magdalena. *Quase Tudo... (Memórias)*. Rio de Janeiro: Nova Fronteira, 1979.

TINHORÃO, José Ramos. *Pequena história da musica popular: da modinha à lambada*. Rio de Janeiro: Art LTDA, 1991.

TOFFANO, Jaci. (2007). *As pianistas dos anos 1920 e a geração jet-lag: o paradoxo feminista*. Brasília: Editora UnB.

TRAVASSOS, Elizabeth. *Modernismo e música Brasileira*. (Série Descobrimento do Brasil). Rio de Janeiro: Zahar, 2000.

WISNIK, José Miguel. *O Coro dos Contrários: a música em torno da semana de 22*. São Paulo: Duas Cidades, 1977.

202 Dalila Vasconcellos de Carvalho

Bibliografia Geral

ALENCASTRO, Luiz. Felipe de. "A Vida privada e ordem privada no Império". In: ALENCASTRO, Luiz Felipe de. e NOVAIS, Fernando A. (org.). *História da vida privada no Brasil: Império: a corte e a modernidade nacional.* São Paulo: Companhia das Letras, 2002.

BOURDIEU, Pierre. Gosto de classe e estilos de vida. In: Ortiz, Renato (org.). *Pierre Bourdieu: Sociologia.* São Paulo: Ática, 1994, p. 82-121.

_____. *A ilusão Biográfica.* In: *Razões Práticas: sobre a teoria da ação.* São Paulo: Papirus, 1996, p. 74-82.

_____. (2002). *As regras da arte.* São Paulo: Companhia das Letras.

BURNS, Mila. *Nasci para sonhar e cantar. Gênero, projeto e mediação na trajetória de Dona Ivone Lara.* Rio de Janeiro, dissertação de mestrado apresentada ao Programa de Pós-Graduação em Antropologia Social do Museu Nacional da Universidade Federal do Rio de Janeiro, 2006.

BUTLER, Judith. *Problemas de gênero: Feminismo e subversão da identidade.* Rio de Janeiro: Civilização Brasileira, 2008.

CARVALHO, Cristiana Leite. *Dentistas Práticos no Brasil: História de exclusão e resistência na profissionalização da odontologia brasileira.* São Paulo: Dissertação de doutorado apresentado à Escola Nacional de Saúde Pública da Fundação Oswaldo Cruz, 2003.

CARVALHO, Vânia Carneiro de. *Gênero e Artefato: O sistema doméstico na perspectiva da cultura material – São Paulo, 1870-1920.* São Paulo: Edusp/Fapesp, 2008.

CORBIN, Alain. Bastidores. In: Aries, Philippe. e Duby, Georges. (org). *história da vida privada: Da Revolução Francesa à Primeira Guerra Mundial.* São Paulo: Companhia das Letras, 1999.

O gênero da música   203

CORRÊA, Mariza. *Antropólogas e antropologia*. Belo Horizonte: Editora UFMG, 2003.

ELEUTÉRIO, Maria de Lourdes. *Vidas de romance: as mulheres e o exercício de ler e escrever no entresséculos 1890-1930*. Rio de Janeiro: TopBooks, 2005.

ELIAS, Nobert. *Mozart: A Sociologia de um Gênio*. Rio de Janeiro: Zahar, 1995.

ESCAL, Françoise. "Approche Globale. Hypothèse Culturaliste. Hypothèse Naturaliste". In: ROUSSEAU-DUJARDIN, Jacqueline. e FRANÇOISE, Escal. *Musique et Diférence des Sexes*. Paris: L'Harmattan, 1999.

GEERTZ, Clifford. "A arte como um sistema cultural: arte e etnografia". In: *O Saber Local*. Petrópolis: Vozes, 2003, p. 142-181.

NEEDELL, Jeffrey D. *Belle Époque Tropical: Sociedade e cultura de elite no Rio de Janeiro na virada do século*. São Paulo: Companhia das Letras, 1993.

PERROT, Michelle. *As mulheres ou os silêncios da história*. Bauru: Edusc, 2005.

PONTES, Heloisa. *Destinos Mistos*. São Paulo: Companhia das Letras, 1998.

_____. "Burla do gênero: Cacilda Becker, a Mary Stuart de Pirassununga". In: *Revista Tempo Social. Revista de sociologia da USP*, 2004, vol. 16, n° 1, p. 231-261.

_____. *Intérpretes da Metrópole: História social e relações de gênero no teatro e no campo intelectual, 1940-1968*. Campinas, tese de livre-docência apresentada ao Departamento de Antropologia do Instituto de Filosofia e Ciências Humanas da Universidade Estadual de Campinas, 2008.

204   Dalila Vasconcellos de Carvalho

RAVET, Hyacinthe. «Devenir clarinettiste: Carrières féminines en milieu masculin». In: *Actes de la Recherche em Sciences Sociales*, Paris, 2007, n° 168, p. 51-67.

SAID, Edward. "A performance como situação extrema". In: *Elaborações Musicais*. Rio de Janeiro: Imago, 1991, p. 27-71.

SAPIRO, Gisèle. "La vocation artistique entre don et don de soi". In: *Actes de la Recherche em Sciences Sociales*, Paris: 2007, n° 168, p. 5-12.

SCHWARCZ, Lilia Moritz. *As Barbas do Imperador: D. Pedro II, um monarca nos trópicos.* São Paulo: Companhia das Letras, 1999.

SCOTT, Joan. "Gênero: uma categoria útil de análise histórica". In: *Educação e Realidade*. Porto Alegre, 1990, vol. 16, n° 2, p. 5-22.

SEVCENKO, Nicolau. *Literatura como missão: tensões sociais e criação cultural na Primeira República.* São Paulo: Brasiliense, 1985.

SHOZO, Motoyama (org.). *Construindo o Futuro: 35 anos de Pós-Graduação da USP.* São Paulo: Parma Ltda, 2004.

SIMIONI, Ana Paula Cavalcanti. *Profissão Artista: pintoras e escultoras acadêmicas brasileiras.* São Paulo: Edusp, 2008.

SOUZA, Gilda de Mello e. *O Espírito das Roupas: moda no século dezenove.* São Paulo: Companhia das Letras, 1987.

VIANNA, Hermano. *O Mistério do Samba.* Rio de Janeiro: Zahar, 2008.

Agradecimentos

ESTE LIVRO É FRUTO DO TRABALHO de muitas pessoas e instituições que me apoiaram ao longo das várias etapas até aqui.

À Fapesp (Fundação de Amparo à Pesquisa do Estado de São Paulo), pelo financiamento concedido tanto para a realização do mestrado quanto para a publicação da dissertação em livro.

À minha orientadora, Fernanda Peixoto, agradeço o apoio, o estímulo, a confiança, os comentários e as críticas que se prolongam para além das fronteiras temporais e burocráticas de um trabalho acadêmico, contribuindo imensamente para minha formação profissional e pessoal.

Às professoras Heloisa Buarque de Almeida e Heloisa Pontes, que compuseram a banca do exame de qualificação e da defesa, dois momentos profícuos, duas leituras generosas repletas de questionamentos, pistas e sugestões que procurei incorporar na medida do possível.

À Dona Julieta, que abriu as portas de sua casa e do acervo de Helza Camêu e que, infelizmente, não pôde ver o resultado daquelas horas de conversa.

À professora Luciana Dutra, por compartilhar comigo o seu trabalho sobre Helza Camêu.

208 Dalila Vasconcellos de Carvalho

À Mercedes Reis Pequeno, Noel Devo e Jacques Nirenberg, personagens fundamentais para história da música brasileira, que atenciosamente me conduziram pelos caminhos trilhados há tanto tempo.

Aos funcionários da Biblioteca Alberto Nepomuceno da Escola de Música da UFRJ, do Museu da Imagem e do Som do Rio de Janeiro, da Academia Brasileira de Música e da Divisão de Música e Arquivo Sonoro da Fundação Biblioteca Nacional, agradeço por disponibilizarem todo o material utilizado neste trabalho. E também aos funcionários do Departamento de Antropologia – Celso, Edinaldo, Ivanete, Rose e Soraya-, por me auxiliarem com a burocracia acadêmica.

Ao professor Francisco Assis, pela leitura, comentários e cafés.

À Ivna Fuchigami, por ser muito mais do que a revisora da dissertação de mestrado.

Ao Roberto Leal, que me acolheu e ouviu, em meio a tantas outras estórias, conflitos e angústias, o nascimento de um projeto que virou livro.

Ao Alexandre Bispo, Isabela Silva, Júlia Ruiz, Júlia Goyatá, Luísa Valentini, Thais Brito, Thais Waldman, leitores animados deste trabalho, com os quais compartilhei muito mais do que a mesma orientadora.

Aos meus amigos do PPGAS, Maurício, Lobão, Luís Felipe, Magda, Camila, Pierina, Clara, Edson, Tatiana, Bruno, Inácio e Rafael, com os quais, em diferentes momentos, vivenciei as etapas do mestrado e a confecção deste trabalho.

Às minhas companheiras de Santa Teresa, Luciana Kalil, Waldênia Leão, Susana Abrantes, Tatiana Sena, Ana Lúcia, Simone, Suellen e Ana Paula, que me ajudaram a suportar a peregrinação pelos acervos, o calor escaldante de Santa Teresa e as escadas do alojamento, sempre mais seguras que o elevador!

À "Turma da Escada": Ariadne, Diego, João Marcelo, Giana, Otávio, Pedro, Raquel e Sarah, amigos queridos de todas as horas, mas sempre presentes nas horas em que mais se precisa de um amigo.

À minha família (meus avós Isa e Aparício, meus tios, tias, primas e primos), que compreenderam minha ausência nos últimos tempos em razão deste longo trabalho.

À Maria Olívia e Romulo, pela acolhida sempre festiva e animadora em Juiz de Fora.

O gênero da música   209

À minha irmã Damiana agradeço as caronas e às inúmeras vezes que entregou, renovou e retirou livros para mim na Biblioteca.

Agradeço, sobretudo, aos meus pais, João e Lucilia, por lutarem a vida toda para garantir às filhas aquilo que para eles foi um privilégio distante: a oportunidade única de "só estudar".

Esta obra foi impressa em Santa Catarina no inverno de 2012 pela Nova Letra Gráfica & Editora. No texto foi utilizada a fonte Electra LH em corpo 10 e entrelinha de 14 pontos.